本书的翻译工作得到
中车云商（北京）信息技术有限公司
技术团队的大力支持

ASE 汽车职业技能提升指南

手动变速器和驱动桥维修（A3）

[美] 道格 · 波蒂特（Doug Poteet） 编
葛 翘 梁海鸽 齐 静 译
黄 瑛 主审

机 械 工 业 出 版 社

本书介绍了ASE考试中手动变速器和驱动桥维修的考查项目、必须掌握的知识点和技能等，并给出了6套模拟考试题。书后附有答案、题目的具体讲解、知识点的提炼等。本书非常适合相关院校作为汽车专业考评的参考用书，也适合汽车维修企业作为技术人员水平和能力测试的参考用书。

ASE Test Preparation Manual Manual Drive Train and Axles（A3）

Doug Poteet

ISBN 978-7-111-60537-9

Cengage Learning Asia Pte. Ltd.

151 Lorong Chuan, #02-08 New Tech Park, Singapore 556741

本书封面贴有Cengage Learning防伪标签，无标签者不得销售。

北京市版权局著作权合同登记　图字：01-2016-4296号。

图书在版编目（CIP）数据

ASE 汽车职业技能提升指南．手动变速器和驱动桥维修．A3 /（美）道格·波蒂特（Doug Poteet）编；葛翘，梁海鸽，齐静译．—北京：机械工业出版社，2018.9

书名原文：ASE Test Preparation Manual - Manual Drive Train and Axles（A3）

ISBN 978-7-111-60537-9

Ⅰ．① A… Ⅱ．①道… ②葛… ③梁… ④齐… Ⅲ．①汽车 – 手动变速器 – 车辆修理 – 指南②汽车 – 驱动桥 – 车辆修理 – 指南 Ⅳ．① U472-62

中国版本图书馆 CIP 数据核字 (2018) 第 163343 号

机械工业出版社（北京市百万庄大街 22 号　邮政编码 100037）
策划编辑：杜凡如　责任编辑：杜凡如　丁　锋
责任校对：王　延　责任印制：张　博
三河市国英印务有限公司印刷
2018 年 9 月第 1 版第 1 次印刷
184mm × 260mm · 8.25 印张 · 200 千字
0 001—3 000 册
标准书号：ISBN 978-7-111-60537-9
定价：29.00元

凡购本书，如有缺页、倒页、脱页，由本社发行部调换

电话服务	网络服务
服务咨询热线：010-88361066	机 工 官 网：www.cmpbook.com
读者购书热线：010-68326294	机 工 官 博：weibo.com/cmp1952
010-88379203	金 书 网：www.golden-book.com
封面无防伪标均为盗版	教育服务网：www.cmpedu.com

译者序

ASE 是英文 Automotive Service Excellence（美国汽车维修优秀技师学会）的缩写，是一家成立于 1972 年的非营利机构，主要职能是通过认证汽车售后专业人才来提高汽车维修和服务质量。ASE 在美国教育、汽车维修和汽车制造行业专家的共同支持下，经过多年的努力，建立了一套科学完善的模块化汽车售后服务人才认证体系，包括认证标准、考题、教材等。ASE 认证分为以下几个大组（相当于我国职业分类中的“细类”，即“职业”）：汽车维修、中 / 重型货车维修、货车装备维修、校车维修、事故车维修、新能源汽车维修、零件专员、汽车服务顾问、碰撞估损等，各个组别中分别设有多种证书，如汽车维修组中设有发动机机械、发动机性能、电子电气等 8 种证书，证书总共有 40 多种。学员只要通过一项考试，即可获得一张证书；如获得一个组别中的所有证书（如汽车维修组别中的 8 种证书），即可获得高级技师证书。为了促进证书持有人不断学习新技术，确保其维修水平不落伍，ASE 将证书有效期设定为 5 年，5 年后必须重新认证，否则证书自动失效。在美国，汽车维修人员一旦获得 ASE 证书，即意味着步入了汽车修理界的精英行列，将在汽车售后行业获得良好的就业和职业发展机会，因为 ASE 证书不仅得到了汽车售后服务行业雇主的认可，同时也得到了汽车制造企业和消费者的认可。目前，美国有 30 多万人持有有效的 ASE 证书。ASE 认证为保障美国汽车售后行业的发展和人才供给做出了巨大贡献，客观上也保障了美国在用汽车的安全和环保，为促进就业和国民经济发展做出了贡献。

我国虽然连续多年位居全球第一大汽车市场，但汽车售后服务却一直是薄弱环节，尤其缺乏高端技能人才。借鉴 ASE 的成熟经验，在我国开展模块化汽车售后服务人才培训和认证是增加高端技能人才供给，提高汽车售后服务质量的有效手段，为此，我们翻译出版了 ASE 汽车职业技能提升指南丛书。

本套丛书主要介绍了 ASE 考试流程、任务列表（考试内容）和试题类型，以帮助学员在考试之前熟悉和了解 ASE 认证考试，并可通过书中模拟试题自测一下自己是否已为 ASE 正式考试做好了准备。本套丛书一共分为 12 册，每册内容架构基本相似，都由以下 6 个部分组成：ASE 的历史和目的、考试介绍、试题类型、任务列表概述、模拟考试、标准答案和解释等。其中，每本书给出一个认证模块的任务列表，即该模块认证证书的知识要求，ASE 考试基本都是围绕这些任务列表来命题的。学员在备考时，应当对照各个任务列表来检查自己是否掌握了所有必需的知识。

ASE汽车职业技能提升指南丛书涉及汽车售后服务各方面的知识，包括汽车技术、维修诊断技能、排放检测、维修服务顾问、配件营销等多个领域，知识宽泛，专业性强，术语丰富，翻译难度较大。为了保证翻译质量，我们邀请了在汽车售后行业具有丰富维修和教学经验的专家参与了翻译，在翻译过程中字斟句酌，还查阅了大量相关资料，请教了很多业内专家。尽管我们力求翻译精准、语句通顺甚至优美，但难免还会有失误或偏差，敬请广大读者批评指正。

本套丛书的主要读者对象包括ASE备考人员、汽车售后服务从业人员、汽车维修及相关专业教员或讲师等。

最后，对于在丛书编译过程中提供了各种帮助的专家和一线技术人员致以诚挚的谢意！

吴友生

目 录

译者序

第一章 ASE 的历史和目的 ······ **1**

第二章 考试介绍 ······ **2**

如何注册考试 ······ 2

出题准则 ······ 2

考试技巧 ······ 3

如何备考 ······ 3

考前说明 ······ 4

考试时间 ······ 4

评分准则 ······ 5

第三章 试题类型 ······ **6**

简单结论型 ······ 6

补充完整型 ······ 7

判断对错型 ······ 7

“除了”型 ······ 8

“最不可能”型 ······ 8

总结 ······ 8

第四章 任务列表概述 ······ **9**

说明 ······ 9

A. 离合器诊断与维修 ······ 10

B. 变速器诊断与维修 ······ 14

C. 变速驱动桥诊断与维修 ······ 19

D. 传动轴 / 半轴和万向节 / 等速万向节的诊断与维修（前后轮驱动） ······ 23

E. 后驱动桥的诊断与维修 ········· 25
F. 四轮驱动 / 全轮驱动组件的诊断与维修 ········· 30

第五章　模拟考试 ········· 34
说明 ········· 34
模拟考试 1 ········· 34
模拟考试 2 ········· 43
模拟考试 3 ········· 51
模拟考试 4 ········· 59
模拟考试 5 ········· 66
模拟考试 6 ········· 74

第六章　标准答案和解释 ········· 81
说明 ········· 81
模拟考试 1——标准答案 ········· 81
模拟考试 1——答案解释 ········· 81
模拟考试 2——标准答案 ········· 88
模拟考试 2——答案解释 ········· 88
模拟考试 3——标准答案 ········· 95
模拟考试 3——答案解释 ········· 95
模拟考试 4——标准答案 ········· 102
模拟考试 4——答案解释 ········· 102
模拟考试 5——标准答案 ········· 109
模拟考试 5——答案解释 ········· 110
模拟考试 6——标准答案 ········· 116
模拟考试 6——答案解释 ········· 117

Chapter 1

第一章 ASE的历史和目的

ASE（Automotive Service Excellence，美国汽车维修优秀技师学会）于1972年创办，旨在通过汽车维修技师考试和认证，提高美国汽车维修质量。参与创办ASE的都是汽车领域的领头人，他们希望消费者可以借此正确地判断汽车维修技师的知识水平和能力。

如今，ASE提供40多种认证考试，涵盖轿车、轻型/重型货车、校车、公交车、碰撞整修、局部修理、汽车服务咨询以及其他与汽车工业相关的领域。截至目前，全美超过385 000名汽修人员得到了ASE认证。这些专业人员就职于轿车或货车4S店以及独立的汽车修理机构等。

ASE认证考试以行业为导向，突出实际的诊断和修理问题，旨在加强相关职业技能知识。至少通过ASE一项考试并提供两年相关工作经验证明后，才可以获得ASE单项认证证书。ASE认证有效期为5年，5年后必须重新认证，否则证书自动失效。

ASE既提供面向独立汽车维修技师的资格认证，也有适合维修厂、4S店的质量认证项目，即优秀蓝印认证项目（The Blue Seal of Excellence Recognition Program）。“优秀蓝印”用作修理厂的门外标识，或悬挂于车主等候区，或印在电话簿（黄页）和报纸广告上，以便于车主们查找有“优秀蓝印”标志的修理厂。要想得到蓝印认证，维修厂必须至少有75%的汽车技师得到ASE认证。

ASE意识到，支撑汽车服务和维修行业的教育项目，也需要得到师资水平和教学设备的认证，证明可以为未来的汽车专业人才提供高质量的教学服务。通过ASE，在汽车工业和汽车专业教育专家的共同努力下，1983年成立了一个名为国家汽车技术员教育基金（NATEF）的非营利组织，对汽车类学术课程进行评估和认证。如今有2000多个汽车教育项目得到了NATEF认证。

如果希望获得更多关于ASE、NATEF或其他项目的信息，可以直接访问官网www.ase.com。

Chapter 2

第二章 考试介绍

通过 ASE 认证考试即可证明汽车技师具有过硬的专业知识和维修技能，以及拥有维修现代汽车的资质。

如何注册考试

> **注意：**自 2011 年 11 月起，ASE 已停止提供纸质考试认证。2012 年当年取消冬季考试，并从 2012 年 4 月起开始进行机考。

ASE 推出的机考（Computer-Based Testing，CBT），可以通过遍布全美的考试中心进行注册。参加考试的条件和要求可以通过访问 ASE 官网进行查询。同时，ASE 官网还提供了机考演示界面，帮助考生提前了解机考信息。

CBT 每年会安排 4 次考试：

1 月 /2 月——冬季考试期；

4 月 /5 月——春季考试期；

7 月 /8 月——夏季考试期；

10 月 /11 月——秋季考试期；

注意：考试实际时间请参考官网。

出题准则

ASE 试题均来自熟悉汽车维修咨询的行业专家组成的“ASE 试题组委会”。这些专家包括国内外汽车制造厂的维修代表、售后配件和设备制造商、在一线工作的技师和职业从教人员。所有考题都要在美国抽取的技师中进行预测试和质量检查，满足 ASE 质量和准确度的试题方可加入试题库。ASE 试题强调实用性，因此与技师每日所进行的维修、诊断息息相关。

根据 ASE 不同的考试项目，会有 40~80 道选择题需要进行回答。手动变速器和驱动桥维修（A3）测试的相关题目信息可以参照第四章。重新认证与首次认证相比，试题数量减半。

> **注意：**试题中会包含基于统计研究为目的的题目，这些题目对你的分数没有影响。考试中不会进行特别标注，因此，最好完成全部试题。

ASE 试题使用包括年龄、种族和其他背景信息等多个标准，保证所有试题不包含对任何特定群体的偏见或反对。

考试技巧

答题前，先看一下试题数目，这有助于考生合理安排答题时间。答题时，先仔细阅读每道题干，再进行作答，可以把不会做的题目留到最后进行回答。

选择题因为选项的相似性以及部分正确的特点，往往并不容易作答。因此，考生最好在浏览选项前，就想出正确答案。如果在选项中看到了自己的“正确答案”，在选择前，也要看看其他选项有没有比这个更加全面的。如果不确定或不知道正确答案，可以采用排除法进行选择：仔细阅读每个选项，排除你认为是错误答案的选项。如果考生完成了所有会做的试题，仍然有一些无从选择，可以尝试进行猜测，这样仍然有 25% 的得分可能性。

考生不要听信一些所谓的“答题技巧”，比如：

（1）有些人会建议考生不要选择带有确定含义——“全部，总是，从来不，只有一个”的选项，依据是“世界上没有绝对的事情”，他们会建议考生选择带有可能性词语的选项——“有时，经常，总是，很少，一般”。

（2）有些人还会建议考生避免选择 A 或 D 选项，因为他们认为出题人更倾向于将正确答案安排在 B 或 C 这两个选项上。

（3）还有些人会建议考生选择四个选项中语句最短或最长的那个。

（4）也有些人建议考生相信第一感觉，不要轻易对选项进行改动。

ASE 的所有考题都经过抽取的技师进行预测试和质量检查，以满足 ASE 质量和准确度，因此，并不存在上述所谓的“答题技巧”。

如何备考

Delmar 圣智学习出版公司希望为考生提供全面的复习指导。本书包含数百道考题，通过这些试题，考生可以清楚地了解 ASE 考试，并且知道自己哪一部分知识还需要加强。

第三章介绍了 ASE 试题的类型描述和解释，为考生建立 ASE 试题框架。

第四章帮助考生了解 ASE 主要评估哪种能力，侧重点是什么以及试题数量分布。

第五章准备了模拟考试题，以供考生练习使用。答题结束后，可以查阅第六章的参考答案及详细解释进行比对。通过比对得到的反馈，可以帮助考生及时调整自己的备考进度。如果对参考答案存在疑问，可以返回第四章的任务列表寻求帮助，所有的答案详解都标注了考查范围（比如任务 A.1）。如果考生对此部分还存在疑虑，请查阅相关教材和教学资源等进行深入学习。

第五章共有 6 套模拟考试题，我们建议考生完全模拟正式的考试进行一次答题。然后比对第六章的参考答案或者相关的任务信息，对错题进行分析。

最简单有效的方法是研读技术教材，最难改变的是导致你出现错误的习惯行为。如果你理解题目信息，然而还是做了错误选择，这就需要考生修正自己的答题行为：有可能是读题过于匆忙或是遗漏了关键词导致了这样的错误发生。如果你能够找到导致出现错误的根本原因，那么就可以有针对性地进行练习，以提高分数。

以下是一些基本复习指导：

1）考生要专注于薄弱项目的学习。

2）考生要对自身知识掌握有正确的认识。

3）合理利用学习时间。

4）学习的时候不可一心二用。

5）考生需谨记，学习的最终目标不仅仅是为了通过考试，而是自己真正掌握相关的知识技能。

6）考前注意合理饮食，保证充足的睡眠。

7）提前到达考场，有序入场。

8）合理利用考试时间，检查试卷有无遗漏或错误。

9）尽可能回答全部试题，不要有空置，空置的题目绝对会扣分。

考试必备：

1）有效的身份证件。

2）准考证。

3）手表（并不是所有考场都有钟表）。

注意：教材、计算器以及其他参考资料都禁止带入考场。考生允许携带英语词典或术语词典进入考场。监考官将对考生携带的物品进行检查。

考前说明

考生进入 CBT 考场后，监考官会进行考前说明。CBT 考试中，每道题只有 1 个正确选项，允许考生在答题时间内随时修改自己的答案，也允许考生按照自己的顺序进行答题，随时快进或后退。

考试时间

根据考查科目的不同，考试时间从 0.5~2h 不等。考生还会有额外的 30min 用来了解考试细则等信息。考生第一次注册 CBT 考试的时候，可以同时报名多个项目认证考试，允许的最长考试时长为 4.5h。如果超过 4.5h，考生需要重新注册。根据报考科目的不同，考试有可能安排在同一天的上午或下午，也有可能安排在不同的日期，详细的考试日期请参考 ASE 官网。

如果考生迟到，将不会给予时间补偿，考生只能在规定的时间内完成考试。考生需要根据考试题目数量合理安排自己的时间，防止无法按时完成考试。同时，在考试中，如果考生因故想暂离考场，必须得到监考官的许可；只有在规定的时限内，考生方可提前离开考场。

评分准则

更好地理解 ASE 评分标准，可以帮助考生取得更好的成绩。ASE 认证考试的评分由与 ASE 或者汽车行业没有关系的独立机构完成。

每道试题所占的分值都是相同的，比如，有 50 道试题，那么每道试题的分数都为 2 分。

考试结果说明：

1）考生的汽车相关知识水平满足了相关要求。

2）考生的汽车相关知识仍然需要夯实。

ASE 分数报告根据所考查的项目进行展示，列出了各项中试题数量以及考生得分情况。报告可以帮助考生了解自己在各项中的表现，明确自己的强项和薄弱项。需要注意的是，由于各部分试题数目不同，试题数目少的高得分部分并不能拉高数目多的低得分部分，同时，也正因试题数目的差异，ASE 认证无法计算平均分。

考生需要认识到，ASE 考试并不存在“失败”这一说法。技师没有通过认证只能说明其仍然需要大量的复习准备工作。在反思失分原因的同时，需要注意各项目的试题数目。ASE 认证考试全方面考查了技师在各项目中的技能与知识，因此，考生在复习时应做到全面，无论哪一个项目的低得分都有可能导致考生无法通过认证。当然，考生可以在注册期内的任意时间参加认证考试，不受参加次数的限制。

Chapter 3 第三章 试题类型

在备考中，考生除了要熟悉考试内容以外，还应该对试题类型有所了解。本章主要展示了 ASE 认证考试中出现的题型以及常规错误。

考生无论参加的是初次认证考试还是再认证考试，考试内容均相同，只是在试题数目上有所差异。如果参加的是初次认证考试，试题数量为 40~80 道；如果参加的是再认证考试，试题数量比初次认证考试减半。第四章会详细介绍初次认证考试中各考查项目中试题数量信息。

ASE 认证考试的试题均为单项选择题，这样可以有效地考查考生的知识水平。每道题目，考生均需要对给出的四个选项进行分析，选出一个最合题意的答案。考生切忌匆忙读题所导致的盲目选择。

ASE 考试中有 10% 左右的试题有相应配图。配图包含了题目所需的所有信息。考生需要在答题前仔细研究配图，避免盲目答题或考虑不全面。

简单结论型

这类试题是 ASE 试题中最常见的一类。这类试题一般由题干和四个选项组成。其中，三个选项为干扰项。这类试题可以直观地考查技师知识掌握的牢固程度。

请看例题：

B.15

1. 以下哪一个可以测量汽车发动机的气缸间隙？

A. 百分表

B. 塞尺

C. 外径千分尺

D. 带表卡尺

选项 A 错误。百分表用于测试偏摆程度。

选项 B 正确。塞尺用于测量气缸间隙。

选项 C 错误。外径千分尺用于测量轴承间隙。

选项 D 错误。带表卡尺主要用于测量外部高度或内部尺寸，不可用来测量气缸间隙。

E.2

2. 具有电子节气门控制的车辆查到一个加速踏板位置故障码。技师在使用扫描工具观察加速踏板位置传感器电压时，移动线束，传感器电压也随之发生变化。以下哪一个是最有可能导致诊断故障码出现的原因？

A. 扫描工具故障

B. 电子控制模块（ECM）故障

C. 加速踏板位置传感器线束故障

D. ECM 电源故障

选项 A 错误。当移动线束，电压改变时，与扫描工具故障无关。

选项 B 错误。当移动线束，电压改变时，与 ECM 故障无关。

选项 C 正确。当移动线束，电压改变时，那么最有可能是因为传感器线束故障引起的。

选项 D 错误。当移动线束，电压改变时，ECM 其他部分工作正常，那么最可能引起该故障的原因应该为传感器线束问题。

补充完整型

补充完整类试题需要从四个选项中选取一个最合适的，将题干描述补充完整即可。

请看例题：

技师参考电路图最希望找到：

A. 电源和接地端电路分布

B. 接地端位置

C. 更新故障模式

D. 电气故障排查流程图

选项 A 正确。电路图有详细的电源、接地端分布展示。

选项 B 错误。电路图一般不会包含接地端位置信息。

选项 C 错误。技术维修手册才提供故障模式。

选项 D 错误。电路图不提供故障排查流程图。

判断对错型

这类试题往往会给考生“技师 A 说”和“技师 B 说”两个句子，让考生判断对错。考生需要判断这两人的说法是都对还是都错，或者只有一人正确。

这类试题会给出两位技师谈话的背景，帮助考生进行分析。相比其他类型试题，这类试题最简单，因为只需要进行两个选项的判断。回答这类试题时，考生需要分别分析两位技师的语句，判断哪位说得正确。

请看例题：

汽油发动机前部附件驱动机构可以听到噪声。技师 A 建议拆下传动带，帮助找到噪声源。技师 B 建议把水滴在传动带上，判断噪声点。他们两人谁说得对呢？

A.4

A. 技师 A 对

B. 技师 B 对

C. 两人都对

D. 两人都错

选项 A 错误。技师 B 也正确。

选项 B 错误。技师 A 也正确。

选项 C 正确。两人都对。发动机拆掉传动带短时间运转，可以判断传动带是否是噪声源。同样，如果水滴在传动带上后，噪声消失，那么传动带就是噪声源。

选项 D 错误。两人都对。

“除了”型

这类试题的四个选项只有一个是错误的。考生需要仔细读题，不要被正确的语句所迷惑，导致失分。

请看例题：

A.3

技师们正在查找汽油发动机的漏油点，以下除了（ ）工具，其余都可以帮助技师查找泄漏点？

A. 黑光

B. 白色粉末

C. 真空计

D. 油性染料

选项 A 错误。黑光可以帮助确认泄漏点。

选项 B 错误。白色粉末可以帮助确认泄漏点。

选项 C 正确。真空计不可以帮助确认泄漏点。

选项 D 错误。油性染料可以帮助确认泄漏点。

“最不可能”型

这类试题与“除了”类型试题相似。正确答案就是四个选项中说法错误的那个。

请看例题：

B.7

以下四个选项中，哪一个最不可能引起点火模块故障？

A. 火花塞线路断路

B. 润滑脂消耗完全

C. 火花塞污垢

D. 模块螺钉松动

选项 A 错误。次级点火元件故障是引起点火模块故障的主要原因。

选项 B 错误。一些点火模块需要使用润滑脂帮助散热。

选项 C 正确。火花塞污垢可能导致发动机失灵，但不会引起点火模块故障。

选项 D 错误。螺钉松动会引起点火模块故障。

总结

本章列举了考生在 ASE 认证考试中会遇到的所有题型。ASE 认证考试试题不包含填空、判断对错、词语匹配或者论述。同时，也不会要求考生画图或列表。试题中会提供可能用到的公式。

Chapter 4

第四章 任务列表概述

说明

本章讲述了手动变速器和驱动桥维修（A3）认证考试要求掌握的内容范围和任务列表。

任务列表即技师为完成某个技术领域相关的作业所需掌握的实际知识和技能。任务列表是一个基本准则，帮助你了解哪些领域可以接受测试，以及每个领域如何加权，包括在 ASE 认证考试中该领域需要回答的问题数量。要注意考试题目数量或相关技术领域仅可作为一个参考。考试中的问题数量可能与任务列表中的数量不一致。任务列表是专门设计用于告诉你 ASE 希望你知道该怎么做和帮助你为测试进行准备。

任务列表为 ASE 实际考试范围提供参考，Delmar 圣智学习出版公司利用这个任务列表，已经开发了六套模拟试卷，见本书第五章。需要注意的是，尽管 ASE 和 Delmar 圣智学习出版公司使用相同的任务列表作为参考构建了这些测试题，但在本书中出现的测试题不会出现在 ASE 实际现场考试中。对你使用的任何测试准备材料来讲，它是真实的。真正的考试题仅在 ASE 实际考试中才可见到。

任务列表概述

手动变速器和驱动桥维修（A3）关注 6 个核心领域，在认证考试中可能有约 40 道题目如下所列：

A. 离合器诊断与维修（6）

B. 变速器诊断与维修（7）

C. 变速驱动桥诊断与维修（7）

D. 传动轴 / 半轴和万向节 / 等速万向节诊断与维修（前后轮驱动）（5）

E. 后驱动桥诊断与维修（7）

F. 四轮驱动 / 全轮驱动组件诊断与维修（8）

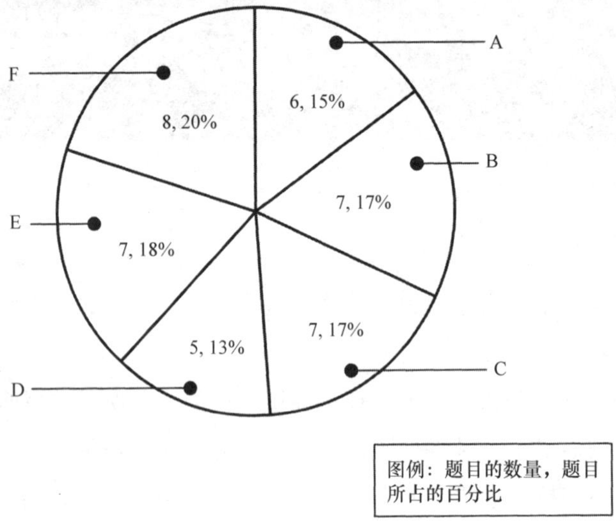

A. 离合器诊断与维修

1. 诊断离合器异响、连接、打滑、脉动、抖动以及踩下和松开踏板的力度和效果等问题；确定维修方案

离合器部件如飞轮、压盘、从动盘、导向轴承和分离轴承，都可能导致离合器异响、离合器踏板行程异常。

每个轴承都可能会因缺乏润滑而发生异响，可以通过操作离合器期间何时产生异响来诊断故障部位。

离合器从动盘花键毂润滑不足或锈蚀，会导致从动盘在变速器输入轴花键毂上滑动不畅，严重情况下会造成离合器分离不彻底，车辆换档困难。

离合器从动盘上有异物如润滑脂、油污等，以及回位弹簧弹力不足，可能会导致离合器从动盘在工作时发生打滑现象，异物也可能引起离合器异响。

当离合器从动盘磨损并开始打滑时，在飞轮和压盘面上摩擦生热，产生裂纹，进一步加剧离合器打滑和抖动。

飞轮或变速器安装表面上的任何跳动都可能导致连接、释放、脉动和抖动等问题。离合器总成的所有部件必须一起工作，以提供平稳的踏板力度和效果。

2. 离合器踏板换档传动机构、拉索和自调节机构、支架、分离套筒、分离叉、回位弹簧和电气开关的检查、调整和更换

当离合器踏板自由行程过小时，离合器不能完全接合。虽然已释放分离

轴承，但它仍与离合器压盘上的分离指接触，减小了离合器从动盘上的夹紧力，使离合器打滑。当离合器自由行程过大时，会使离合器的分离行程变小，造成离合器分离不彻底，使变速器换档困难，甚至造成变速器的齿轮磨损，同时加快从动盘、压盘和飞轮的磨损，降低离合器的使用寿命。

许多新型车辆都有拉索自动调节机构。当从动盘因正常使用而磨损时，松开离合器踏板时，拉索会自动调节。这个机构使用恒定运行的分离轴承，它始终与压盘相接触，离合器踏板不会有任何自由行程。

衬套，枢轴和支架的磨损会导致离合器接合不良和分离不彻底，应在检修离合器时进行检查。

还应检查回位弹簧的磨损情况，并根据需要进行更换。

在处理倒车灯不亮故障时，应检查倒车灯开关等电气开关是否工作正常。

3. 检查、调整、更换和清洁液压离合器工作缸、主缸、管路系统；清洗液压系统；补充适当的制动液

液压离合器的主缸与工作缸是完全分开的。离合器的主缸安装在发动机舱的防火墙上，当踩下离合器踏板时，离合器主缸推杆推动主缸活塞，主缸活塞产生油压，经由油管使工作缸活塞推出，经推杆推动分离拨叉使离合器分离。在诊断离合器故障时，应检查离合器主缸推杆是否有潮湿痕迹、生锈和点蚀等情况。

当液压操纵系统中渗入空气时，会导致离合器踏板踩到底时不能完全分离。

4. 分离轴承、分离套筒、分离杠杆和分离叉的检查，调整和更换

离合器分离轴承与分离杠杆内端并不直接接触，这样即使轴承运转不良也不会产生任何噪声。离合器踏板的自由行程是指离合器分离杠杆和分离轴承之间的间隙，反映在踏板上就是在分离轴承接触分离杠杆并压下离合器弹簧之前，离合器踏板的间隙或运动行程。

液压控制离合器系统中分离轴承总是与分离杠杆的分离指相接触。液压离合器系统不需要手动调节，离合器片磨损时，系统会自动调整间隙。离合器分离时，需踩下离合器踏板，分离轴承逐渐向压盘移动并压缩压盘中的弹簧以释放离合器。若分离套筒、分离杠杆或分离叉出现磨损，将会影响离合器接合和分离。

5. 检查和更换从动盘和压盘组件；检查输入轴先导部分和花键

发动机主轴承松动或磨损可能导致后部主轴承密封件漏油，从而使离合器摩擦片表面被油污染，导致离合器打滑。压盘－飞轮的位置安装不正确也会引起发动机振动。

如果离合器摩擦片表面磨损，则压盘的夹紧力与离合器从动盘处于完全厚度时的夹紧力不一样大。由于压盘中的弹簧完全伸展，并且没有施加足够的压力，在压盘中不存在足够的弹簧压力以保持从动盘上的夹紧力。

离合器从动盘的正确安装至关重要；减振弹簧偏置的一侧必须面对变速器，根据离合器从动盘上的标记安装。如果减振弹簧偏置的一侧朝向发动机，则弹簧可能会触碰到飞轮或飞轮螺栓，从而损坏这些部件。

检查导向轴承的轴端是否平滑。检查轴的花键是否有磨损，是否阻碍离合器从动盘均匀平顺地滑动。

如果离合器从动盘花键磨损或损坏，或者从动盘中扭转减振弹簧弯曲、弹力减弱，将会导致离合器分离不彻底。

6. 检查导向轴承或者衬套的内外孔；检查和更换导向轴承或衬套

导向轴承支撑变速器输入轴的前端，并使得该轴上的离合器从动盘与飞轮、压盘对齐。

离合器接合时，变速器输入轴始终与发动机飞轮和导向轴承以相同的速度旋转。离合器分离时，飞轮和导向轴承的转动速度比变速器的输入轴更快。

如果用轴承润滑脂润滑套管式导向轴承，由于润滑脂会阻塞轴承套管，影响轴承的分离，实际上将增加套管和变速器输入轴之间的摩擦。应该用机油润滑套管式导向轴承，用轴承润滑脂润滑滚子式导向轴承。

7. 检查和测量飞轮和齿圈；检查双质量飞轮；根据需要进行维修或更换

如果飞轮质量较轻，离合器从动盘上的减振弹簧将会向飞轮上的固定螺栓侧移动，而且很有可能触碰到螺栓的头部。如果飞轮的质量过轻，将会使压盘向前移动，远离分离轴承，从而增加了离合器的自由行程。因此工作缸推杆可能不会移动足够的距离使离合器分离。

每次更换离合器组件时，都应重新修整飞轮表面。如果飞轮未重新修整，则可能造成新组件损坏或过早磨损。重新安装飞轮将确保其具有所需的平面度和精度，保证新的离合器从动盘能够正确分离。如果没有重新修整，离合器从动盘可能会变得光滑且抖动。安装前，用热水和肥皂清洁飞轮，清除表面上的残留物。

双质量飞轮的设计与普通的飞轮有所不同，主要用于隔离高压缩比的柴油发动机曲轴产生的扭振，尤其是能把发动机低速区域内的不均衡性完全过滤掉。由于发动机和变速器之间飞轮质量的分离，可以隔离扭振，消除传动齿轮齿的潜在损坏。需要检查减振弹簧和用于连接飞轮的两个独立部件的其他阻尼方式。

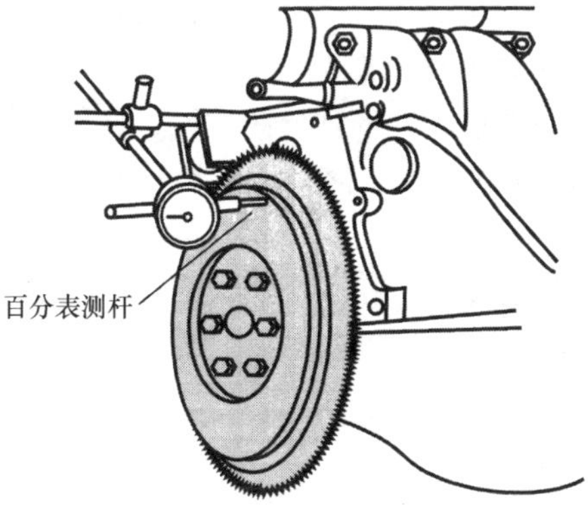

8. 检查发动机机体、离合器壳和变速器之间的配合面和定位销；检查发动机芯塞，曲轴后油封和其他液体污染源；确定所需的维修

如果离合器壳体与发动机机体不能正确对准，则可能是由于它们之间夹杂了异物、接触面出现磨损或缺陷、定位销磨损或离合器壳体的固定螺栓出现松动等原因，使离合器不能与飞轮接触。当离合器接合时，会出现不能接合彻底而抖动。

如果离合器从动盘或变速器输入轴由于拆卸或安装操作不当而弯曲，则会导致两者不能对准。如果变速器在安装时未对准，可能导致导向轴承或衬套过早磨损。

为了防止泄漏，更换传动装置部件时，应检查曲轴后油封，同时也要检查芯塞是否有泄漏。任何部件泄漏都可能会污染离合器从动盘并导致故障的发生。

9. 测量飞轮表面径向跳动和曲轴轴向间隙；确定所需的维修

要测量曲轴轴向间隙，先将磁性百分表安装在发动机机体的背面，百分表指向飞轮。向发动机的前方推飞轮，直至停止。将百分表调整到零，然后再将飞轮朝发动机的后方拉，百分表上的读数即是曲轴的轴向间隙。

主轴承磨损过大会导致油压降低或曲轴后油封泄漏，引起离合器从动盘被机油污染。止推轴承置于曲轴主轴承盖和曲轴轴颈的侧面之间，用以控制曲轴在加速和减速期间的向前和向后运动。当发动机组装好以后，选择合适厚度的止推轴承。

10. 检查、更换和对齐传动系统安装座

检查发动机和变速器支架是否出现断裂、下垂、油浸或老化现象，出现上述任何现象都可能导致离合器分离和接合故障。在后轮驱动的汽车上，发动机或变速器底座损坏可能导致传动轴角度不正确，使得车辆加速和减速时产生随强度变化的振动。

在装有手动离合器的车辆上，离合器换档传动机构的一部分从车架连接到发动机机体。如果车辆发动机机脚垫损坏，发动机会在加速时抬起车架，这可能导致离合器联动件移动并推动分离拨叉，使得分离轴承在压盘上施加释放压力，造成离合器从动盘在飞轮和压盘之间打滑。

B. 变速器诊断与维修

1. 诊断变速器异响、换档困难、乱档、跳档等故障，检查变速器油情况和类型以及漏油等问题；确定所需的维修

变速器箱体或离合器壳体装配时错位或松动可能导致变速器跳档。检查安装在发动机机体上的传动装置是否出现松动或产生污垢，以及发动机支架是否破损、松动。变速器跳档也可能是由于变速杆锁止弹簧的弹簧张力不足或者换档拨叉、换档轴等弯曲或磨损等原因引起的。其他如输入轴导向轴承磨损、输出轴弯曲、同步器破损等内部问题也可能会导致这种情况。传动系统产生故障大部分会使传动系统轴承产生异响。关注变速器每对齿轮的运行情况，寻找噪声的变化，就可以在拆卸之前找到不良的轴承。

如果换档过程中出现变速器换档困难或乱档的现象，大多是离合器出现问题。检查离合器踏板的自由行程，确保离合器能够分离彻底，还要检查离合器部件是否磨损，输入轴导向轴承是否产生故障和换档连杆机构是否出现问题等。如果变速杆磨损、装配或调节不当，则可能会使齿轮啮合不良。此外，换档连杆机构缺少润滑也将导致换档困难。

可以根据变速器品牌和型号选择自动变速器油、齿轮油、机油和手动变速器油等，必须使用正确的润滑油，否则可能导致换档困难或者泄漏。如果使用正确的润滑油仍发现有泄漏现象，则应清洁传动装置，并使用染料来标记泄漏的位置。

2. 检查、调整和更换变速器外部换档总成、换档连杆机构、支架、衬套/索环、换档拨叉和变速杆

大多数外部换档连杆和拉索都需要调整，调整时需要将变速器和变速器换档拨叉置于空档位置。升起车辆并将变速器置于空档位置，开始调整变速器换档连杆。使用杠杆式换档传动机构，将杆安装在换档装置的调节孔中。通过松开杆固定锁紧螺母并移动杆来调节换档连杆，直到杆完全进入对准孔。拧紧锁紧螺母，并检查所有档位的换档操作。

变速器的内部换档机构没有规定必须调整，因为换档机构在出厂时已经调整完毕，但如果部件产生磨损，则可能需要另外进行调整。此外，在拆卸变速器之后，变速杆仍需要调节。

3. 检查和更换变速器垫圈、密封剂、密封件和紧固件；检查密封面

输出轴或输入轴的轴向间隙过大，会导致轴横向运动，这可能会对延伸壳体的密封产生不利影响。输出轴衬套磨损将导致过早地产生延伸壳体密封故障。如果传动轴叉臂有划痕或缺陷，则可能会损坏密封件，并导致变速器后部的润滑油泄漏。这种情况下更换密封件不会起作用，一定要更换传动轴叉臂。

软木衬垫应从原包装箱中取出后原样安装。安装时要在干燥的环境下进行，不需要添加任何类型的密封胶来辅助密封，但有时可能会使用喷涂胶将垫圈固定到位，以帮助安装。安装橡胶垫片时不应使用任何附加的密封垫片，否则会变得太滑，以致安装时可能无法正确定位。有些变速器使用室温硫化硅橡胶（RTV），接触空气时会固化。有些变速器使用厌氧密封胶，在没有空气的情况下会发生固化。安装时，应特别小心使用正确长度的紧固件，如果紧固件太长会产生噪声甚至锁定变速器。

4. 拆下并更换变速器；检查变速器底座

拆卸和安装变速器时必须小心，以免损坏组件。如果安装时变速器支撑在输入轴上，变速器本身的重量可能导致输入轴和离合器从动盘弯曲或损坏。移除变速器时，离合器从动盘可能移动，导致从动盘不能对准。在安装变速器之前必须使用离合器片对准工具，以使离合器片与飞轮对齐。

变速器底座在车辆移动和加速时能吸收橡胶座中大量的力矩和振动。如果橡胶支架被油污染，油会使橡胶变质并使其性能变弱，最终导致安装失败。油不会导致底座产生裂纹，但油会使安装座中的橡胶变得像海绵一样柔软。

传动轴应安装在后桥小齿轮法兰上的初始位置。如果没有安装在原来的位置上，则可能出现传动系统振动的故障。

5. 拆卸和清洁变速器总成并重新组装

拆卸变速器要根据变速器维修手册，并密切关注每一步操作，以防止变速器损坏。

用蒸汽清洁剂、脱脂剂或清洁溶剂清洁变速器。当开始拆卸时，应注意部件的状况。使用百分表测量并记录输入轴和主轴轴向间隙。在组装时，将根据此间隙值来选择适当的垫片和垫圈。变速器各部件应在组装前用溶剂清洗干燥并润滑。

6. 检查、维修或更换变速器换挡盖、内部换档拨叉、衬套、轴承、杠杆、轴、套筒、定位机构、互锁装置和弹簧

检查变速叉轴是否弯曲，如若弯曲可能会导致换档困难。变速叉轴与变

速杆连接，如果变速叉轴弯曲，则可能会干扰变速器中的其他部件，导致变速杆换档时产生换档困难的感觉。

变速器不能正确挂档的常见原因是换档连杆弯曲或者失调。变速器挂不上档往往是由换档拨叉引起的，而不是齿轮的磨损。

变速器内置换档传动机构位于壳体的顶部或侧面。变速器内部安装有变速器的控制机构和换档操作装置，换档操作装置由变速杆和换档拨叉组成。当换档拨叉朝向选定的档位齿轮移动时，移动同步器接合套以将转动的齿轮锁定到轴上。

7. 检查并更换输入（离合器）轴、轴承和保持架

应检查输入轴花键和导向轴承区域的磨损情况。检查轴承是否平稳运行，轴承保持架应进行磨损检查，特别是分离轴承的末端。

8. 检查和更换主轴、齿轮、止推垫圈、轴承和轴承保持架 / 卡环；测量间隙和轴向间隙

主轴上装有主动齿轮以及同步器组件，并且在前端有一个支承面，后部有一个支承轴承。

主轴一般没有油道。检查主轴的轴承表面是否光滑，有无过热迹象。还要检查轴上的齿轮轴颈区域的粗糙度，是否有划痕和其他缺陷。检查轴的花键是否有磨损、毛边或者和其他影响滑块在花键上滑动的情况。

应检查主轴上的每个齿轮驱动齿和接合齿是否有磨损、划痕或轴颈表面过热的现象。

必须测量止推垫圈和轴承保持架 / 卡环之间是否留有适当的间隙；使用百分表进行轴向间隙检查，并与制造商提供的规格进行比较。

9. 检查和更换同步器花键毂、接合套、滑块、弹簧和同步环；测量同步环间隙

由于速度是由变速器中的换档拨叉控制的，在检查同步器总成的每个部件时必须非常小心，以确保换档平顺。

锁环上有断续的短花键齿圈（接合齿）与花键毂上的外花键相匹配，两者之间的间隙对于平顺换档是非常重要的。例如，如果锁环的接合齿和四档齿轮花键之间的间隙小于规定值，这会导致换档困难或锁环磨损。锁环具有与齿圈上的锥形摩擦面锥度相同的内锥面，锥面上加工有细牙的螺旋槽，以便两锥面接触后能破坏油膜，增加锥面的摩擦，使其在齿轮上得到良好的咬合以阻止其旋转，并进行同步的平顺换档。

同步器接合套必须能在花键毂上自由滑动。由于时间一长花键毂和接合套之间的磨损会越来越严重，要在拆卸之前对其进行标记，以确保它们能在相同的花键上重新组装。

10. 检查并更换中间轴、车速里程表齿轮、轴承、止推垫圈和保持架 / 卡环

车速里程表齿轮位于变速器的底部，并与主轴上的传动齿轮相啮合。由于车速里程表齿轮只在变速器挂入某一档位且离合器踏板抬起时随着输出轴一起转动，若发动机空转且抬起离合器踏板时仍产生异响，则可能是车速里程表齿轮轴承已损坏。此时，它们在任何档位时都会引起异响，而且会在较低档位发出更大的噪声。

所有车速里程表齿轮都会在轮齿中心显现磨损形状。这些磨损形状应该是抛光的表面，但是齿轮面上的磨损很小。仔细检查齿轮的齿是否有磨屑、点蚀、裂纹或断裂现象，还要检查轴承表面是否光滑。这些组件产生任何损坏都需要进行更换。

11. 检查并更换倒档中间齿轮、倒档轴、轴承、止推垫圈和保持架 / 卡环

由于倒档中间齿轮仅与倒档齿轮啮合，该齿轮仅反向旋转。有些变速器上倒档中间齿轮为常啮合齿轮，随着倒档齿轮一起转动，或者五档齿轮使用同步器将常啮合的倒档中间齿轮及倒档齿轮连接到主轴。

检查倒档中间齿轮是否存在凹坑、裂纹、切口或断齿现象。检查其中心孔表面是否光滑。仔细检查倒档中间齿轮所套的滚针轴承是否有磨损、毛刺和其他缺陷。此外，检查倒档轴表面是否有划痕、磨损和其他缺陷。若部件存在以上故障应及时进行更换。

12. 测量和调整轴承预紧力或轴向间隙（便于选择垫片或间隔件）

输入轴或主轴的轴向间隙过大可能会导致变速器跳档。例如，欲挂入第四档时，通过拨叉移动 3-4 档换档同步器，使得同步器接合套与输入轴四档齿轮上的接合齿圈相啮合。所以拆卸变速器时，应该读取并记录轴向间隙的数据，当重新组装变速器时，可以根据这些数据选择合适的止推垫圈和垫片。如果在清洁和检查过程中没有发现任何故障，则轴承和卡环可以重复使用。

13. 检查、维修和更换延伸壳体和变速器装配面、螺纹孔、销子、衬套和通气塞

检查延伸壳体是否有裂纹，并根据需要进行维修或更换。检查外壳的装配表面是否有毛刺或凹痕，并将表面锉平。检查车速里程表线路或传感器是否出现密封泄漏；如果有泄漏，应及时更换密封件。安装时，必须将新的垫片安装到延伸壳体上，即使旧垫片仍然完好也不得再次使用。检查所有螺纹孔，并用螺纹修理工具修复损坏的孔。检查延伸壳体后部的衬套是否过度磨损或损坏。后部延长部分的密封件必须进行更换。

14. 检查并更换与车速里程表运行有关的变速器部件

车速里程表主动齿轮位于变速器的输出轴上，并且可以通过拆下后延伸壳体修理。车速里程表从动齿轮位于车速传感器上，二者处在后延伸壳体中。

15. 检查、测试和更换传动传感器、执行器和开关

手动变速器有许多传感器、开关和螺线管，包括车速传感器（VSS）、倒车灯开关和辅助换档电磁阀。VSS 向动力系统控制模块（PCM）发送关于车速的电压信号，PCM 使用该信号来操作诸如巡航控制的输出。有些车辆具有多路传感器，并能从防抱死制动系统（ABS）车轮速度传感器中获得 VSS 信号。ABS / VSS 传感器通常是永磁信号发生器，不过，有些控制单元是利用霍尔元件来产生电压信号的。尽管这些类型的传感器中的一部分也可以使用电阻表进行初始电阻的检查，但要想测量精确则需要通过使用数字万用表（DMM）的交流电压档或示波器来进行测量。

倒车灯开关通过变速器内部换档传动装置控制，以便在变速器置于倒档时操作倒车灯。当车辆点火起动时，虽然倒车灯开关接通了电源，但电路通常是断开的。当车辆挂入倒档时，开关将闭合，为倒车灯工作提供了一个通路，倒车灯亮起。辅助换档电磁阀确保车辆保持良好的燃油经济性并符合联邦燃油经济性标准，通过在特定条件下挂入第一档时禁止再挂入第二档和第三档。

16. 检查润滑系统

变速器油位必须保持在变速器内的润滑油液面检查塞的水平位置，或者在变速器上的标记位。现代许多手动变速器和变速驱动桥使用自动变速器油（ATF）作为润滑剂，以减少摩擦，改善车辆燃料经济性。有些手动变速器使用准双曲面齿轮油作为润滑剂；还有的使用机油。

后轮驱动轴上的准双曲面行星轮组需要准双曲面齿轮油润滑，通常为 GL4 或 GL5，防滑差速器则需要额外的润滑油添加剂。准双曲面齿轮油的黏度比机油或 ATF 的黏度高（较厚），既可以是单一黏度，例如 SAE 90；也可以是多黏度，例如 85W-90。前轮驱动（4WD）变速器中的许多末级传动齿轮不是准双曲面齿轮，使用 ATF 或机油作为润滑剂。而一些 4WD 的末级传动齿轮是准双曲面齿轮组，需要 GL4 或 GL5 齿轮油润滑。对于润滑系统要始终按照制造商规定的润滑油类型、黏度和更换频率使用。

17. 检查润滑油位；补充适当的润滑油

对于技术人员来说，检查传动系统润滑油油位很重要，要确保使用制造商推荐的润滑油类型。检查制造商的技术服务公告（TSB），了解自生产以来制造商推荐使用的润滑油或添加剂有无变化。当油位不正确时，应使用正确类型的润滑油并调整到适当的水平。

C. 变速驱动桥诊断与维修

1. 诊断变速驱动桥异响、换档困难、乱档、跳档、润滑油状况和类型以及润滑油泄漏问题；确定所需的维修

变速驱动桥壳体或离合器壳体装配时错位或松动可能导致变速器跳档。检查安装在发动机机体的变速驱动桥是否出现松动或产生污垢，或者发动机支架是否破损、松动。变速器跳档也可能是由于变速杆锁止弹簧的张力不足、换档拨叉轴弯曲或磨损引起的。其他如输入轴导向轴承磨损、输出轴弯曲、同步器破损等内部问题也可能会导致这种情况。变速驱动桥故障大多数会使变速驱动桥轴承产生异响。关注变速驱动桥每对齿轮的运行情况，寻找噪声的变化，就可以在拆卸之前找到不良的轴承。

如果换档过程中出现变速器换档困难或乱档的现象，大多是离合器出现问题。检查离合器踏板的自由行程，确保离合器能够分离彻底，还要检查离合器部件是否磨损，输入轴导向轴承是否产生故障，换档连杆机构是否出现问题等。如果变速杆磨损、装配或调节不当，则可能会使齿轮啮合不良。此外，缺少润滑的换档传动机构也将导致换档困难。

可以根据变速驱动桥品牌和型号使用自动变速器油，齿轮油，机油和手动变速器油等，必须使用正确的润滑油，否则可能导致换档困难或者泄漏。如果使用正确的润滑油仍发现有泄漏现象，则应清洁变速驱动桥，并使用染料来标记泄漏的位置。

2. 检查、调整、润滑和更换变速驱动桥外部变速组件、连杆、支架、衬套 / 索环、拉索、枢轴和变速杆

换档连杆机构调整错误可能导致许多问题，如变速驱动桥无法换档，这将损坏变速驱动桥。不适当的调节换档连杆也可能导致齿轮换档困难或无法换档。

大多数变速器和变速驱动桥在调整时需要切换到空档位置。变速杆上安装有 1/4 in（6.35 mm）的杆或球头，以便在调整拉索或连杆时将变速驱动桥保持在空档。变速器或变速驱动桥的内部换档传动机构不需要调整。换档拉索不得以任何方式进行改良，只能更换或校正。

3. 检查和更换变速驱动桥垫片、密封胶、密封件和紧固件；检查密封面

变速驱动桥壳体的装配表面已经加工得非常光滑、平整。不是所有的变速驱动桥装配表面都需要安装垫圈，但却需要密封胶，且密封胶的类型应符合制造商的规格要求。如果在没有遵循制造商的密封要求的情况下组装变速驱动桥，则可能会导致外壳泄漏。

在组装之前，应检查变速驱动桥装配表面是否有翘曲，以确保距离合适。

变速驱动桥通气孔堵塞可能导致变速驱动桥压力过大和驱动轴密封反复

失效的故障。

4. 拆卸和更换变速驱动桥；检查、更换和对准变速驱动桥架和副车架 / 支架组件

发动机和变速驱动桥未对准可能会导致传动轴振动。由于下控制臂连接到副车架上，若发动机和变速驱动桥未对准可能导致前悬架角度不准确。

从车辆拆卸变速驱动桥时，需要安装发动机支架。发动机支架可以支承发动机的重量，保护技术人员的安全，并且避免损坏车辆。拆卸变速驱动桥时，不需要排放发动机油，但应先断开蓄电池负极电缆。不是所有的车辆都需要与变速驱动桥一起卸下发动机。

5. 拆卸和清洁变速驱动桥组件；重新组装变速驱动桥

用蒸汽清洁剂、脱脂剂或清洁溶剂清洁变速驱动桥。当开始拆卸时，应注意其部件的状况。使用百分表测量和记录相应轴的轴向间隙。在组装时，需要根据此间隙值来选择适当的垫片和垫圈。

在拆卸变速驱动桥之前，先进行挂档检查，使输入轴旋转通过所有档位，观察档位齿轮上的受力。任何齿轮的受力不当都可能导致产生轴向间隙或轴弯曲的问题。

在组装手动变速驱动桥时，重要的是将齿轮润滑油涂抹在所有变速驱动桥各部件上。在检查变速驱动桥中的轴的规格之前，旋转轴使齿轮润滑油进入到轴承中。如果齿轮润滑油未加入到轴承中，则可能会使得测量不准确。

6. 检查、维修、更换变速驱动桥换档盖和内部换档拨叉、杆、轴套、轴、套筒、定位机构、互锁装置和弹簧

检查变速叉轴是否弯曲，如若弯曲可能会导致换档困难。变速叉轴与变速杆连接，如果变速叉轴弯曲，则可能会干扰变速驱动桥中的其他部件，导致变速杆换档时产生换档困难的感觉。

变速驱动桥不能正确挂档的常见原因是换档连杆弯曲或者失调。变速驱动桥挂不上档往往是由换档拨叉引起的，而不是齿轮的磨损。

变速驱动桥内置换档传动机构位于壳体的顶部或侧面。变速驱动桥内部安装有变速器的控制机构和换档操作装置，换档操作装置由变速杆和换档拨叉组成。当换档拨叉朝向选定的档位齿轮移动时，移动同步器接合套以将转动的齿轮锁定到轴上。

7. 检查并更换输入轴、输出轴、齿轮、止推垫圈、轴承和保持架 / 卡环

如果使用导向轴承，则应检查输入轴花键和导向轴承区域的磨损情况。检查轴承是否平稳运行，并检查齿轮和轴承保持架。注意卡环不能重复使用。

8. 检查并更换同步器花键毂、接合套、滑块、弹簧和锁（同步）环；测量锁环间隙

在拆卸之前，要对同步器接合套和花键毂进行标记，以便这些组件可以在原始位置重新组装。同步器花键在轴上不可装反，并且同步器的接合套在其轮毂上同样不可装反。

锁环磨损将导致变速驱动桥发生齿轮碰撞。如果锁环的锥形齿区域磨损（意味着所有锋利的齿尖都是钝的或磨没），锁环将无法正常工作。在同步器接合套与齿轮啮合之前，锁环应该通过锥体区域中的尖齿阻止齿轮旋转。若锁环磨损，会更加向齿轮靠近；可通过用测距仪测量间隙的方法来检查是否磨损。

9. 检查并更换倒档中间齿轮、倒档轴、轴承、止推垫圈和保持架 / 卡环

检查倒档中间齿轮轮齿是否有磨屑、凹坑和裂缝。虽然倒档中间齿轮磨损可能会使汽车在倒车时发出异响，但不会导致不能倒车。倒档中间齿轮上的滚针轴承应光滑有光泽，仔细检查滚针轴承是否有磨损、毛刺等问题。如有磨损或损坏应进行更换，否则可能会损坏其他部件。

10. 检查、维修和更换变速驱动桥外壳配合表面、螺纹孔、销子、衬套、轴承和通气塞

如果变速驱动桥的外壳破裂，通常需要进行更换。有些汽车制造商建议，变速驱动桥外壳是否需要修理，具体取决于其破坏程度。可以使用环氧树脂密封胶修复驱动桥壳上的裂纹，不推荐使用乐泰胶来进行修复。

如果铝质外壳中的螺纹区域损坏，可以使用维修工具在孔中攻入新的螺纹。但是有些损坏的螺纹孔不能被修复；查阅维修手册以确定哪些可以修理。当轴承套筒和轴承需要更换时，要按照正确的操作步骤进行安装。变速驱动桥通气塞堵塞可能导致变速驱动桥内部压力过大和润滑油泄漏。

11. 检查和更换与车速里程表运行有关的组件

车速里程表齿轮通常安装在输出轴上，输出轴的转速即为传动系统的转速。主动齿轮的材质主要是塑料尼龙，主动齿轮和从动齿轮的齿上都有螺旋角。螺旋角和塑料齿轮主要是为了齿轮啮合时减少噪声。

每次更换车速里程表主动齿轮时，也应同时更换从动齿轮。如果车速里程表的齿轮轴损坏，则需要更换新的齿轮轴。新的齿轮轴必须切割成与要更换的齿轮轴相同的尺寸，并在装入护套之前进行适当的润滑。

12. 检查、测试和更换变速驱动桥传感器、执行器和开关

现在大多数车速传感器（VSS）是磁电式传感器，而 20 世纪 80 年代初

的一些车辆上使用的是霍尔式或光电传感器。磁电式传感器获取的 VSS 信号是车速在频率和幅度上变化的模拟正弦波。霍尔式或光电式传感器获取的车速传感器信号仅是频率变化的数字方波。任何类型的 VSS 信号的完整波形都可以用示波器进行测试。

13. 诊断差速器异响和磨损；确定所需的维修

当车辆运行时，齿圈内齿损坏将产生咔哒声，但这个问题不会造成差速器的颤动。如果是差速器部件（例如侧面轴承）上的预紧力不准确可能会导致差速器抖动。

如果差速器产生恒定的噪声，那么该噪声肯定不是半轴齿轮或者行星轮产生的。因为这些齿轮仅在车辆转弯时起作用，所以如果它们损坏，噪声只能在转弯时听到。差速器润滑油使用错误也可能会损坏差速器部件，但不会产生噪声。如果预紧力和齿侧间隙没有调整好，齿轮啮合太紧，则会产生呜呜的噪声。

14. 拆卸并更换差速器后桥总成

在大多数变速驱动桥中，差速器通过拆卸驱动桥的左、右两个半桥壳来维修或拆卸。差速器轴承装配到桥壳中，通常不能调整轴承的预紧力。如果侧面轴承允许调节预紧力，则有一个安装在变速驱动桥壳体和轴承外圈或组件之间的垫片。拆卸差速器时不需要完全拆除变速驱动桥齿轮系。

15. 检查、测量、调整和更换差速器行星轮、行星轮轴、半轴齿轮、止推垫圈、侧面轴承和外壳 / 托架

需要在每个半轴齿轮上单独测量齿轮的径向间隙，同时拆下止推垫圈。带有特定止推垫圈的半轴齿轮有少量的径向间隙，但没有预紧力。

行星轮安装在行星轮轴上，齿轮的内孔应光滑且有光泽，没有凹坑或磨损痕迹。行星轮轴也应没有点蚀和刻痕。行星轮不需要安装滚针轴承。

16. 诊断防滑差速器噪声、滑动和颤振问题；确定所需的维修

防滑差速器中纤维盘滑动或磨损将导致通过防滑差速器的牵引力消失。不是所有的防滑差速器都使用纤维盘，有些采用特殊的锥形半轴齿轮，带有预紧弹簧，使半轴齿轮产生向外的压力。有些甚至使用齿轮油泵，当轴以不同的转速运行时就会起作用。大多数防滑差速器需要在齿轮油中加入特殊添加剂；该添加剂是摩擦改良剂。如果没有这种添加剂，可能会使防滑差速器发生过早磨损，并导致滑动和颤动。可使一个车轮离地，使用扭力扳手测量滚动阻力的方法来检查防滑差速器。

17. 测量和调整轴、差速器轴承预紧力和轴向间隙（便于选择垫片/间隔件）

测量差速器侧面间隙以确定所需的侧面垫片厚度时，需要将新的不带垫片的轴承外圈安装在变速驱动桥中。适当的垫片厚度等于差速器轴向间隙加上轴承预紧力的指定厚度。在测量差速器轴向间隙时，必须将变速驱动桥壳体的螺栓拧紧至规定的力矩，将一个方向向上的中等载荷施加到差速器上。

当差速器螺栓小于拧紧力矩指定值时，必须在变速驱动桥外壳的半轴轴承外圈后面增加垫片厚度。

18. 检查润滑系统

变速驱动桥轴承润滑油使用错误可能会导致输出轴轴承烧伤。前输出轴轴承后面的供油器损坏会导致输出轴轴承润滑不良或轴承烧伤。如果轴承没有得到良好润滑，则摩擦产生的热会造成轴承或者驱动桥的其他部件损坏。

在变速器或驱动桥检修期间，需排出并检查润滑油。油中的金色颗粒来自同步器上黄铜锁环的磨损，金属屑来自于齿轮的磨损。若是润滑油中磨屑过多表示齿轮和同步器磨损严重。

冷起动时，如果润滑油太多，将会使车辆换档困难，同时也将导致变速驱动桥在冷起动时润滑不良。

19. 检查润滑油油位；补充适当的润滑油

对于技术人员来说，检查传动系统润滑油油位很重要，要确保使用制造商推荐的润滑油类型。查阅制造商的技术服务公告（TSB），了解自生产以来制造商推荐使用的润滑油或添加剂有无变化。当油位不正确时，应使用正确类型的润滑油并调整到适当的水平。

D. 传动轴/半轴和万向节/等速万向节的诊断与维修（前后轮驱动）

1. 诊断传动轴和万向节的噪声和振动问题；确定所需的维修

万向节的磨损（U形接头）可能会导致异响的产生，且随着车辆速度增加噪声会增大。一般情况下，壳体的密封圈周围都会出现锈迹。

如果双联万向节接头中的球头和球碗磨损，则加速时可能会发生较严重的振动。

如果扭转减振器坏了，坐在车内会感觉到抖动。

半轴上的等速万向节会因内、外接头是否有故障而不同。例如，当车辆转弯时，等速万向节内接头不受影响，只有在行驶时车辆悬架上下振动时才受影响。有时在加速或减速时可能会听到“当啷”的噪声，有时等速万向节的外部接头会在车辆转弯时产生咔嗒声。这两种情况都意味着接头球轴承已损坏，润滑脂被污染。此时，应更换等速万向节接头。通常，车轴仍可以使用，所以整个车轴不需要更换。

2. 检查、维修和更换轴、支架、密封罩和万向节 / 等速万向节；验证定位是否正确

万向节内部已有润滑脂，但是这些润滑脂在安装好的车辆中不足以润滑接头。安装新的万向节时，应该重新加注润滑脂。确保润滑脂已经润滑到万向节接头处，防止轴耳由于缺乏润滑而损坏，导致接头的使用寿命缩短。通常万向节损坏的一个原因就是接头硬化。如果使用两段式传动轴，传动轴必须正确定时或定位，以防振动。一些万向节叉使用密封罩防止污垢和水进入并保持润滑，如果发现密封罩磨损，则必须更换。

3. 检查、维修和更换中间支撑轴承

传动轴中心轴承的磨损会产生异响，且该异响在车辆加速和减速时都存在。

中间支撑轴承通常是免维护的，并且通常由橡胶元件支撑，必须检查橡胶元件是否松动或变质。中间支撑轴承主要安装在货车和厢式货车上，用于将长传动轴分为两部分，以减小铰接角度。

4. 检查并校正传动轴动平衡

在检查传动轴动平衡之前，先检查轴是否损坏。丢失的平衡重、积累的污垢或过度的底漆都会影响传动轴的动平衡。

要检查传动轴的动平衡，先用粉笔在传动轴的平衡重上每隔 90° 标记一个位置，然后稍转动传动轴，观察记号位置是否变化，传动轴是否有偏摆现象。若记号位置不变，可在记号相对应部位粘上适量橡皮泥，经过反复调试，使记号可在任意位置停住，然后称取橡皮泥的质量，再根据轴管直径换算成不平衡量的实际数值。若小于规定值，可不增加平衡重数量；若大于规定值，应增焊平衡重或改变原平衡重的位置与质量进行重新调节，使传动轴达到动平衡。

5. 测量传动轴的径向跳动

在测量传动轴径向跳动时，百分表应位于传动轴中间附近。如果跳动量过大，则应更换传动轴。

无论传动轴因为什么原因弯曲或损坏都应更换，不需要进行维修。

要检查传动轴的径向跳动，需要抬起车辆，并在车辆底部的传动轴中心附近安装带有磁性底座的百分表。将传动轴表面擦拭干净，以消除锈蚀和污垢对百分表读数的影响。汽车停在平坦表面上转动传动轴并不是测量传动轴径向跳动的准确方法。

6. 测量和调整传动轴的工作角度

传动轴的工作角度也称为铰接角度。发动机和变速器以预设的角度安装在底盘中，通常在后轮驱动系统中，传动系统连接尾轴。比如，假设传动系统的尾轴端向下倾 3°，为了避免传动系统发生嗡嗡声，传动轴的小齿轮端必须朝上倾 3°。这样可使传动部件位于同一平面内，保证 U 形万向节正常工作。(请注意，大多数制造商只给出了这种测量方式的货车规格，除非制造商另有规定，否则每个静态设置都应该相同)。后弹簧损坏、发动机下垂、变速器安装问题或者底盘高度的变化都会引起传动轴工作角度的问题。

7. 检查、维修和更换车轮轴承、密封件和轮毂

车轮轴承应进行清洁，检查是否磨损和损坏，并使用涂抹工具或手动涂抹的方式涂抹适当的车轮轴承润滑脂。

如果只有一个轴承产生故障，可以只更换该轴承。更换车轮轴承的同时也要更换轴承座。如果没有更换轴承座，新轴承可能会损坏。

E. 后驱动桥的诊断与维修

1. 主减速器齿轮组

1.1 诊断异响、振动和润滑油泄漏问题；确定所需的维修

差速器中的噪声可能来自轴承、齿圈、行星轮、差速器轴承或差速器半轴齿轮。车辆行驶时承受不同的侧向负载，或通过升起车辆使齿轮运行，通常可以通过噪声变化来判断轴承噪声来源。当车轮上的负载减轻时，大多数轴承噪声将显著降低。从动锥齿轮噪声的音调变化与车速或发动机负荷变化相关联。为了诊断差速器和主动锥齿轮轴承噪声，通常使用听筒来确定噪声的位置。由于半轴齿轮仅在转弯时转动，当车辆直行前进时，不会产生噪声。如果差速器油过满，则会产生过大的压力，导致差速器油泄漏。如果通风孔堵塞，则会在差速器壳体中产生过大的压力，同样也会发生泄漏。车轴轴承磨损将导致车轴在密封件上施加负载，使密封失效。主动锥齿轮密封件和差速器盖也是常见且易于察觉的泄漏点。

1.2 检查和更换配套法兰、轴支架和主动锥齿轮齿轮密封；测量法兰径向跳动

要检查主动锥齿轮法兰的径向跳动，应拆下传动轴并将百分表安装在法兰盘上，如图所示。旋转法兰盘并记下刻度盘上的读数；这些读数即为径向跳动量。如果法兰被拆除，则不能测量主动锥齿轮法兰的径向跳动。主动锥齿轮螺母松动可能会使主动锥齿轮产生轴向间隙，导致加速和减速时产生“当啷”的

噪声。主动锥齿轮拧紧力矩不足将影响其轴承，并可能导致主动锥齿轮密封件泄漏。

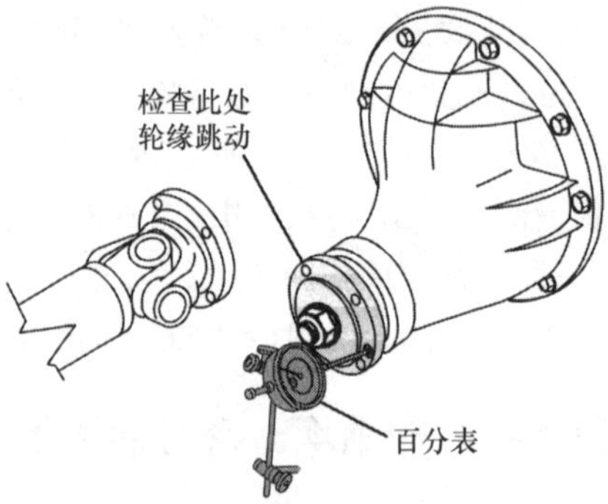

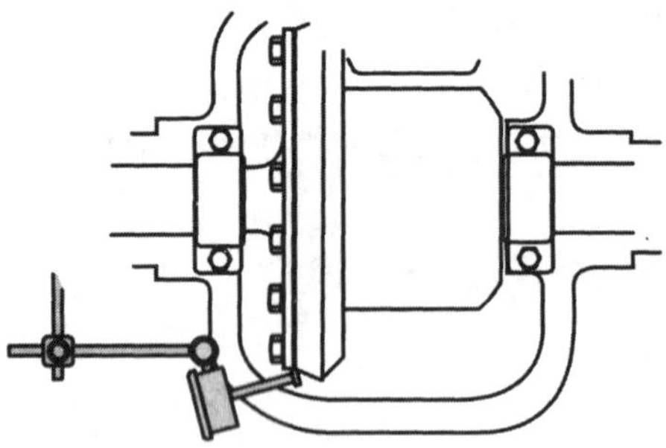

1.3 测量从动锥齿轮径向跳动；确定所需的维修

拆卸差速器前最好先测量从动锥齿轮的径向跳动量。大多数情况下，百分表安装在机体或轴壳体上，测量杆放置在齿圈背面（无齿轮齿的一侧）。通过转动从动锥齿轮并观察刻度盘上的变化来测量径向跳动，根据制造商提供的规格型号来确定齿轮是否有过大的跳动。从动锥齿轮变形可能是由从动锥齿轮螺栓的拧紧力矩不均匀、齿轮组件过热、制造缺陷、装配缺陷或故障以及壳体和齿轮之间的碎屑等原因引起的。矫正拧紧力矩和清理碎屑后可不更换齿轮组，但是其他问题都需要更换主减速器齿轮组。

1.4 检查和更换主减速器齿轮组、可压缩隔件、套筒（垫片）和轴承

这个任务涉及的领域比较广，大部分相关信息都在本任务列表的其他部分。如果不熟悉重新组装差速器的过程，请阅读制造商的维修手册。但必须知道以下关键问题：主减速器齿轮组必须成套更换，如果需要更换主动锥齿轮轴承，则必须更换可压缩隔件，再更换轴承。确定主减速器齿轮的状况时，需要检查齿轮是否过度磨损，齿轮表面是否有点蚀或凹槽，齿轮是否有因过热而变成蓝色或黑色的迹象。

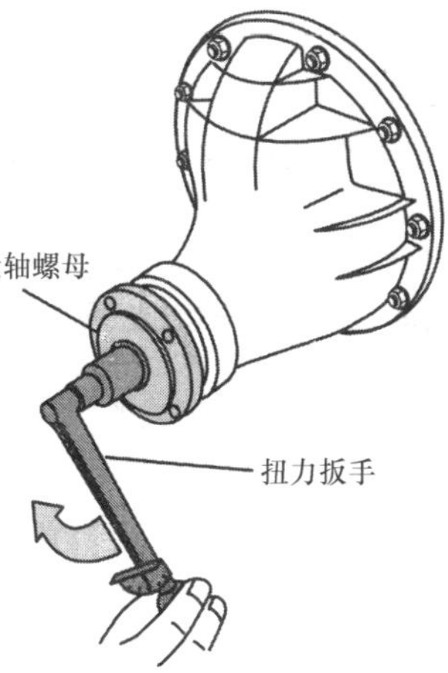

1.5 测量并调整主动锥齿轮的深度

调整主动锥齿轮深度的主要目的是设置主动锥齿轮和从动锥齿轮的啮合间隙。主动锥齿轮的深度是指主动锥齿轮的齿轮端与传动轴的中心线或差速器壳体轴承孔之间的距离。通常通过调整安装在主动锥齿轮上的垫片来调节其深度。必须与预先装入的主动锥齿轮轴承一起测量。

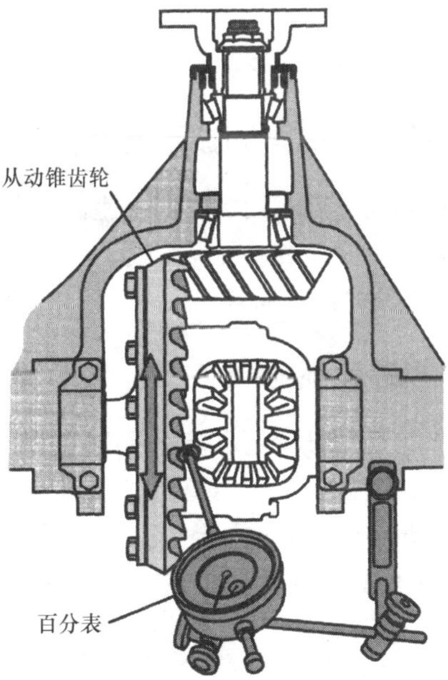

1.6 测量和调整主动锥齿轮轴承预紧力（可压缩隔件或垫片型）

在更换主减速器齿轮组时，第一个环节就是要安装和调整主动锥齿轮。有两个轴承共同支撑着主动锥齿轮轴，一个在齿轮侧，另一个在配套法兰侧。这些轴承安装时必须是预紧的，以防止它们在传动轴和齿圈的横向负载下偏转。可在承轴间加入垫片或可折叠的轴环来调整预紧力。转动小齿轮螺母时，以英寸 / 磅为单位测量预紧力。为获得规定的转矩，小齿轮螺母不能松动。当测量转矩时，小齿轮轴承应进行润滑。

1.7 测量和调整差速器侧轴承预紧力和主减速器主、从动锥齿轮间隙（螺纹调节器或垫片型）

通过使用靠压侧面轴承座圈的垫片或螺纹调节器来调整侧面轴承预紧力和齿隙。此过程因制造商而异，应遵循制造商的说明来操作。

在任何情况下，侧面轴承盖在拆卸前应在外壳上进行标记，在安装前应进行润滑。

1.8 检查齿轮的啮合痕迹；确定是否需要调整

普鲁士蓝（一种蓝色染料）通常用于检查齿轮组中齿的啮合痕迹。用过的齿轮组将在齿轮齿上留下可观察到的闪亮痕迹。在装配后，查看轮齿中心的啮合痕迹。需要通过轴承预紧力和主动锥齿轮深度调整来校正齿轮的深度和间隙。不要关心痕迹的确切形状，因为它会随齿轮供应商不同而有所不同。重点查看车辆制造商或齿轮供应商的主减速器主、从动锥齿轮面上痕迹的位置。

2. 差速器总成

2.1 诊断差速器总成噪声和振动问题；确定所需的维修

差速器仅在车辆转弯时才起作用。任何差速器的噪声通常仅在转向时才存在，除非两侧轮胎尺寸有明显的差异。轮辋上的磨削噪声与差速器半轴齿轮有关。爆裂声或嘎吱嘎吱的声音通常与差动横轴和齿轮故障有关。

2.2 拆下并更换差速器总成

在某些类型的轴上，从动锥齿轮和差速器组件可作为一个整体从桥壳拆下；在其他类型轴的上，可以拆下轴承盖并且仅将差速器总成从桥壳拆下。在任一种情况下，在拆卸时轴承盖应进行标记，以确保它们能在原位置重新安装。在差速器总成取出之前必须拆下车轴。垫片和轴承座圈应按顺序摆放好。

2.3 检查、测量、调整和更换差速器行星轮、行星轮轴、半轴齿轮、止推垫圈、侧面轴承和外壳 / 托架

使用测距仪检查差速器半轴齿轮和止推垫圈之间的间隙。拆下差速器半轴齿轮和行星轮。检查所有齿轮是否有异常磨损、热损伤、切齿、渗碳硬化或其他磨损。检查差速器行星轮轴是否有磨损、裂纹、润滑不足和热损伤。组装差速器行星轮和半轴齿轮时，将半轴齿轮和垫圈放在外壳中。然后将行

星轮结合在半轴齿轮上，直到它们与轴孔对准；插入轴、间隔块和锁销。安装后，旋转齿轮几次，并用测距仪重新检查止推垫圈间隙。

2.4 测量差速器壳跳动；确定所需的维修

要检查差速器外壳的跳动，先将外壳放在一组 V 型块中。然后将百分表对准齿圈安装法兰，并旋转外壳以测量轴向跳动。再将百分表指针移动到外壳的齿圈轮毂区域，并旋转外壳以测量径向跳动。如果任一方向的跳动量超出极限，则需要更换壳体。

3. 防滑差速器

3.1 诊断防滑差速器噪声、滑动和振动问题；确定所需的维修

差速器仅在车辆转弯时才起作用。差速器的噪声通常仅在转向时才存在，除非两侧轮胎尺寸有明显的差异。防滑差速器用于在直线加速时通过差速器将两个车轮锁定在一起。非防滑差速器在加速期间仅驱动一个车轮。差速器的锁定通过离合器或弹簧加载的板来实现，该板在车辆转弯时释放和滑动。当轴上有被液体污染或有限滑部件磨损时，发生滑动和颤动，并伴有噪声。在大多数防滑差速器中使用特殊添加剂，以保证差速组件平稳释放和接合。

3.2 检查、排干和补充适当的润滑油

对变速器或差速器箱加注润滑油时，润滑油会在达到满油位时从注油孔中流出。排出差速器油后，检查里面的金属颗粒。银色颗粒或铁屑是由于齿轮或轴承磨损引起的。铜屑或青铜色颗粒是由于防滑差速器摩擦片磨损引起的。

3.3 检查、调整、修理或更换限位滑块或锁定部件

摩擦片的厚度规格较小，应用千分尺测量。测量摩擦片时必须将其从离合器组件中取出。不能用测距仪测量摩擦片。

4. 半轴和桥壳

4.1 诊断后桥半轴噪声、振动和润滑油泄漏问题；确定所需的维修

差速器中的噪声可能来自于轴承、齿圈、行星轮、差速器轴承或差速器半轴齿轮。车辆行驶时承受不同的侧向负载或者通过升起车辆使齿轮运行，通常可以通过噪声变化来判断轴承噪声来源。当车轮上的负载减轻时，大多数轴承噪声将显着降低。半轴轴承磨损将导致半轴在密封件上施加负载，使密封失效。许多半轴直接装在半轴轴承上，这样更容易磨损，导致异响和润滑油泄漏。

4.2 检查并更换后桥半轴轮毂螺栓

更换轮毂螺栓时，可以使用锤子小心地将旧螺栓敲出，但是当安装新螺栓时，应使用安装工具以避免损坏新螺栓。不能使用明火来给轮毂螺栓加热，这样可能会损坏车轴和轴封。

4.3 卸下、检查、调整和更换后桥半轴、花键、密封圈、轴承和保持架

磨损的半轴轴承可能会导致半轴油封故障。当轴承磨损时，半轴侧向运动会在密封圈上施加更大的载荷。密封区域中轴的划痕会损坏密封圈，导致油封失效。半轴油封带有喷涂密封剂，不需要任何其他密封剂。应在上薄薄涂一层半轴油封的密封圈齿轮润滑油进行润滑，以延长密封寿命。

如果半轴在密封区域附近损坏，则应更换新轴。

必须检查花键是否磨损或扭曲。

4.4 测量后桥法兰的径向跳动和轴向间隙；确定所需的维修

要测量半轴的轴向间隙，需要拆下车轮和轮胎组件以及制动鼓。将百分表安装或夹紧在轴壳或悬架上。将半轴推入桥壳到底。将表盘测量头放在半轴法兰的表面上。将百分表设置为零时，向外拉半轴，所得到的百分表读数就是半轴的轴向间隙。车辆差速器盖不需要拆卸。

半轴弯曲可能会引起过大的径向跳动。轴承磨损会导致润滑油泄漏。外壳弯曲是一种严重损坏情况，且外观非常明显，该侧可能出现油封和轴承故障。

4.5 检查桥壳和排气口

桥壳损坏可能导致损坏区域润滑油泄漏。修理车桥油液泄漏时，应彻底检查桥壳。油液泄漏的另一个常见原因是桥壳排气口堵塞。如果排气口堵塞，则桥壳内可能会产生过大的压力，导致油液通过垫圈和密封件泄漏。

F. 四轮驱动 / 全轮驱动组件的诊断与维修

1. 诊断驱动装置的噪声、振动、变速、泄漏和转向问题；确定所需的维修

万向节磨损会使车辆在直行时发出吱吱声或沉闷的异响，甚至引起振动。四轮驱动（4WD）车辆上外侧前驱动轴接头的磨损可能会使车辆在转弯时引起振动。

当真空操作的 4WD 车辆无法转换到 4WD 时，可能是由于发动机真空度较低，或者前差速器上的真空马达损坏，另一个原因可能是真空管损坏或断开。

当在 4WD 系统中尝试降噪时，首先要确定是否仅在切换到 4WD 时产生噪声。

在 4WD / 全轮驱动（AWD）系统中，必须对所有车轮进行正确的轮胎尺寸校正，以防止传动系统中发生振动和偏移问题。

2. 检查、调整和维修分动器手动换档机构、衬套、连杆和支架

应规范测量和记录有公差的零件的尺寸，以便于正确安装。在组装零件之前，所有零件都应进行清洁和润滑，都应检查是否有磨损或损坏。

内齿圈锁定在壳体上，因此它不能旋转。在四驱低速模式下，分动器输入轴驱动太阳轮，而太阳轮反过来又驱动行星架。如果车辆上的四驱不经常使用，则换档连杆可能会生锈，不能轻松地换档甚至无法换档。检查换档连杆的衬套是否磨损、变质，并根据需要进行更换。如果换档连杆机构不能运动自如，则分动器可能无法运行 4WD。如果前驱动轴万向节被限制，分动器仍然能够换档。缺少润滑油可能会损坏内部组件，但分动器仍然会啮合。手动档分动器没有换档电动机。

3. 拆下并更换分动器

变速器和分动器应作为一个组件进行拆卸。大多数新型 4WD 车辆将分动器螺栓固定在变速器的后部。分动器不都是铸铁壳体，大多新型分动器都采用质轻的铝合金壳体。

4. 拆卸分动器；清理和检查分动器内部组件；确定所需的维修

用蒸汽清洁剂、脱脂剂或清洁溶剂清洁分动器。拆卸分动器时，要注意其部件的状况。使用百分表测量并记录输入轴和主轴的轴向间隙，在组装时，需根据此数值来选择适当的垫片和垫圈。分动器部件应在组装前用溶剂清洗干燥，并进行润滑。

分动器通风孔堵塞可能会导致润滑油泄漏。通风孔可防止水分进入分动器。

5. 安装分动器

如果分动器中的传动链被拉伸并且驱动链轮齿磨损，则传动链可能在链轮上打滑，并在加速时发出“咔哒”声。

在重新安装分动器时，应严格按照制造商的维修手册操作，以避免损坏换档机构和外壳。

如果车辆上的 4WD 不经常使用，则换档连杆可能会生锈，不能轻松地换档甚至无法换档。检查换档连杆的衬套是否磨损、变质并根据需要进行更换。如果换档连杆机构不能运动自如，则分动器可能无法运行 4WD。如果前驱动轴万向节被限制，分动器仍然能够换档。缺少润滑油可能会损坏分动器内部组件，但不会影响啮合。手动档分动器没有换档电动机。

6. 检查分动器液位；排出并补充适当的分动器油

由于汽车运行一定里程或者一定时间分动器油会变质，需要以一定的时间间隔排出并重新填充新分动器油。大多数分动器需要加注润滑油达到加注孔的底边。应确保使用适当类型的润滑油，部分分动器使用 80W-90 齿轮油，有些使用 ATF，有的使用机油。

7. 检查、维修和更换驱动轴 / 传动轴和万向节 / 等速万向节接头

拆卸前传动轴时，确保轴已标记正确安装顺序。不要让传动轴下垂，使重量作用在一个接头上；在卸下相反端时，始终用带子或弹力绳吊起断开的一端。部分等速万向节轴使用六角螺栓固定，而其他等速万向节轴使用簧片。在检查前传动轴和前等速万向节接头时，需查看密封罩是否有磨损以及等速万向节接头是否有松动的迹象。

8. 检查、维修和更换传动轴万向节 / 等速万向节接头和传动轴 / 半轴

要随时检查等速万向节接头密封罩是否有磨损，检查等速万向节接头是否松动、粘结和磨损。大多数前传动轴的内端浮动在半轴齿轮中，而外端则有等速万向节，并通过轮毂和主轴保持在适当的位置。更换时，务必将旧的等速万向节轴与更换的新件相比较，以确保新轴更换准确。等速万向节轴需要在更换时加注等速万向节接头润滑脂，这些轴通常需要螺栓定位。确保使用完整个包装中所有的油脂，因为这是一个预先测量好的数量。

9. 检查、维修和更换车轮轴承、密封件和轮毂

自动锁紧轮毂和端盖都不应充满润滑油，如果充满，将无法正常运行；零件必须能够自由移动。

如果只有一个轴承产生故障，可以只更换该轴承。更换车轮轴承的同时也要更换轴承座。如果没有更换轴承座，新轴承可能会损坏。

10. 检查分动器的轴封和所有排气口

排气口的唯一作用是将水从差速组件中排出。万一车轴或分动器浸没在水中，水可以从排气口排出，这一结构是 4WD 车辆上所必需的。

11. 测试、诊断和更换轴驱动和接合系统（包括黏性、液压、磁性、机械、真空和电气 / 电子）

电子控制的驱动和接合系统需要特殊的诊断测试设备。技术人员应该了解电气和电子操作理论。务必参考制造商推荐的测试和服务程序。不正确的测试和安装程序可能会造成电子元件和控制装置的损坏。部分系统使用真空驱动的机械系统，这就需要检查是否有足够的真空力。为了测试这个系统，

在真空执行机构的软管上安装一个真空计，测量两轮驱动和四轮驱动时的真空度，以确保足够的真空力。

12. 检查轮胎的尺寸和状况是否适合车辆使用

轮胎尺寸对于正确执行分动器差速操作至关重要。如果轮胎不匹配，分动器差速或动力传递装置将持续运转，导致零部件过早出现故障。动力传动装置和分动器差速允许前轴和后轴以不同的速度运行，但是，由于轮胎不匹配可能使这些装置过度磨损。

Chapter 5

第五章 模拟考试

说明

本章内容是由独立的六份样卷组成的一系列模拟考试，它可帮你确定为成功通过 ASE 标准考试中手动变速器和驱动桥维修（A3）所做的总体准备是否充分。

当完成每一次模拟考试后，你可用本书第六章的正确答案和解释确定你考试的得分，包括每个问题对应的考查范围。如果你需要返回第四章的任务列表寻求帮助，这个附加的参考信息会显示出它的作用。

模拟考试 1

1. 当挂入一档或倒档时，手动变速器会磨损。下列哪些是引起上述现象的原因？

A. 干式分离轴承

B. 齿轮碎裂

C. 离合器从动盘扭曲

D. 离合器自由行程不足

2. 技师 A 认为变速器底座断裂会导致传动系统角度过大。技师 B 认为应仔细检查变速器底座是否被机油浸透，以防止橡胶变质或膨胀。他们两人谁说的对呢？

A. 只有技师 A 对

B. 只有技师 B 对

C. 两人都对

D. 两人都错

3. 图中技术人员测量的是下列哪个参数？

A. 从动锥齿轮齿隙

B. 差速器轴向游隙

C. 半轴齿轮齿隙

D. 行星轮齿隙

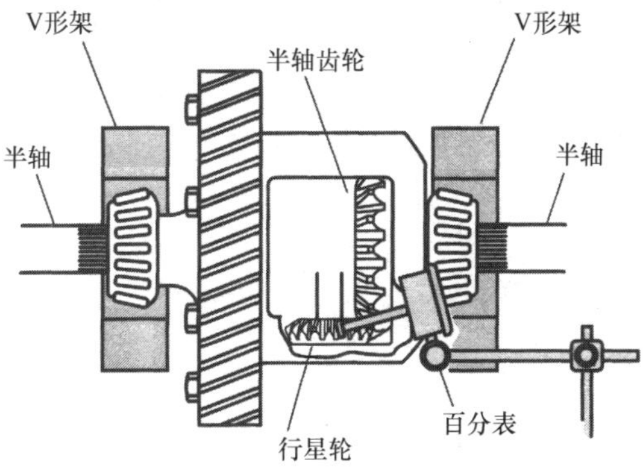

4. 一辆后轮驱动车辆正在进行速度相关的振动诊断。技师 A 认为大多数万向节工作角度不应该超过 3°。技师 B 认为在一个公共轴上的两个万向节工作角度应在 1° 内相互抵消。他们两人谁说的对呢？

A. 只有技师 A 对

B. 只有技师 B 对

C. 两人都对

D. 两人都错

5. 检修时，变速器需要拆卸下来。技师 A 认为，变速器壳体和变速器必须作为一个整体进行拆卸。技师 B 认为，所有的螺栓和法兰盘要按正确顺序进行标记以便于重新装配。他们两人谁说的对呢？

A. 只有技师 A 对

B. 只有技师 B 对

C. 两人都对

D. 两人都错

6. 诊断一辆装有防滑差速器的汽车在转弯时颤抖的原因。技师 A 认为，这种差速器可能润滑方式不正确。技师 B 认为，最后一个维护差速器的技术人员可能没有添加特殊的防滑添加剂。他们两人谁说的对呢？

A. 只有技师 A 对

B. 只有技师 B 对

C. 两人都对

D. 两人都错

7. 一辆装有手动变速器的车辆因为无法起动的问题已经被拖到店里，技师通过验证确定这辆车不能起动。技师 A 认为：检查离合器安全开关是否开路。技师 B 认为：离合器开关可能失调。他们两人谁说的对呢？

A. 只有技师 A 对

B. 只有技师 B 对

C. 两人都对

D. 两人都错

8. 技师 A 认为：如果图示中的驱动链损坏，汽车依然有动力传向后轮。

技师 B 认为：驱动链损坏，车辆可以低速范围运行。他们两人谁说的对呢？

A. 只有技师 A 对

B. 只有技师 B 对

C. 两人都对

D. 两人都错

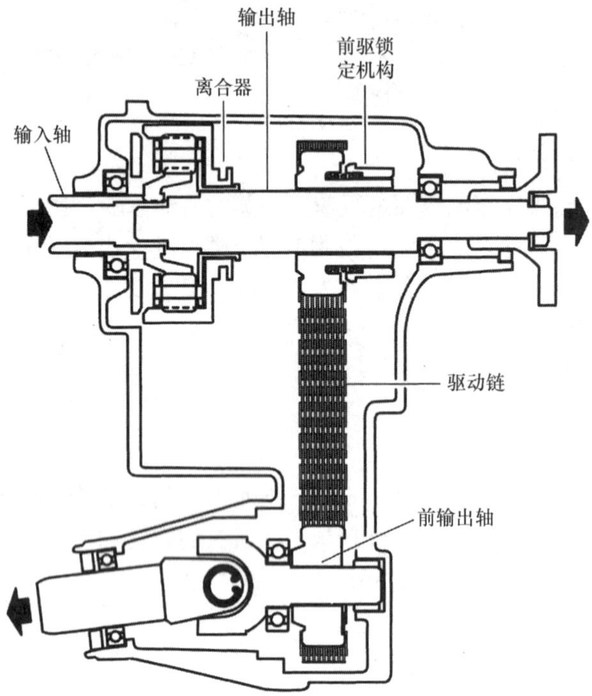

9. 在变速器大修期间，技术人员在中间轴上发现了一颗断齿。技师 A 认为：应该更换中间轴和与其啮合的齿轮。技师 B 认为：只需要更换中间轴。他们两人谁说的对呢？

A. 只有技师 A 对

B. 只有技师 B 对

C. 两人都对

D. 两人都错

10. 一辆具有四轮驱动和前轮锥形轴承的车辆正在进行维护。技师 A 认为：前轮轴承的轴向间隙应该调整到 0.0254 ~ 0.127mm。技师 B 认为：一些后期车型采用组合式车轮轴承。他们两人谁说的对呢？

A. 只有技师 A 对

B. 只有技师 B 对

C. 两人都对

D. 两人都错

11. 如图所示，驱动轴在 U 形接头更换后重新组装，而不线性排列万向节叉。技师 A 认为：这可能会导致传动系统振动。技师 B 认为：万向节叉必须排成一排，以消除振动。他们两人谁说的对呢？

A. 只有技师 A 对

B. 只有技师 B 对

C. 两人都对

D. 两人都错

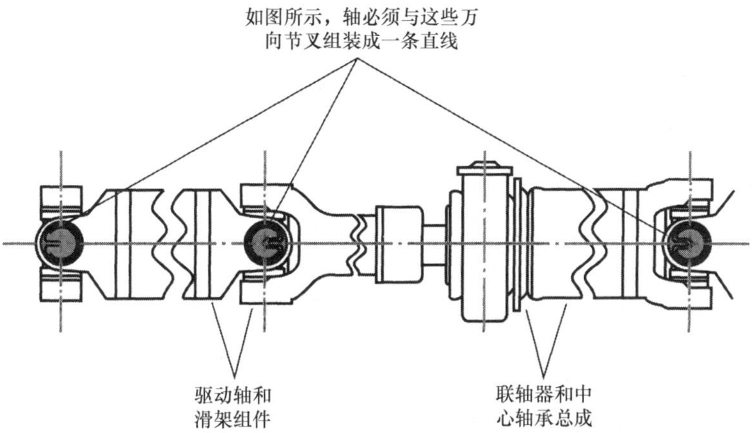

12. 当离合器分离时，离合器区域发出尖锐的噪声。技师 A 认为：分离轴承可能干燥需要润滑。技师 B 认为：分离轴承已经损坏，因此需要更换。他们两人谁说的对呢？

A. 只有技师 A 对

B. 只有技师 B 对

C. 两人都对

D. 两人都错

13. 一辆车需要更换导向轴承（青铜衬套型）。技师 A 建议检查导向轴承径向圆跳动。技师 B 认为：有必要用优质白色锂基润滑脂润滑导向轴承。他们两人谁说的对呢？

A. 只有技师 A 对

B. 只有技师 B 对

C. 两人都对

D. 两人都错

14. 调整差速器侧面轴承预紧力。技师 A 认为：一些后驱差速器要求选择合适的垫片厚度来调整侧面轴承预载。技师 B 认为：一些后驱差速器使用螺纹调节器设定侧面轴承预载。他们两人谁说的对呢？

A. 只有技师 A 对

B. 只有技师 B 对

C. 两人都对

D. 两人都错

15. 变速驱动桥的驱动轴油封已经多次泄漏并更换。技师 A 认为：这种现象可能是由于传动轴排气口堵塞造成的。技师 B 认为：这种现象可能是由于外驱动轴接头磨损引起的。他们两人谁说的对呢？

A. 只有技师 A 对

B. 只有技师 B 对

C. 两人都对

D. 两人都错

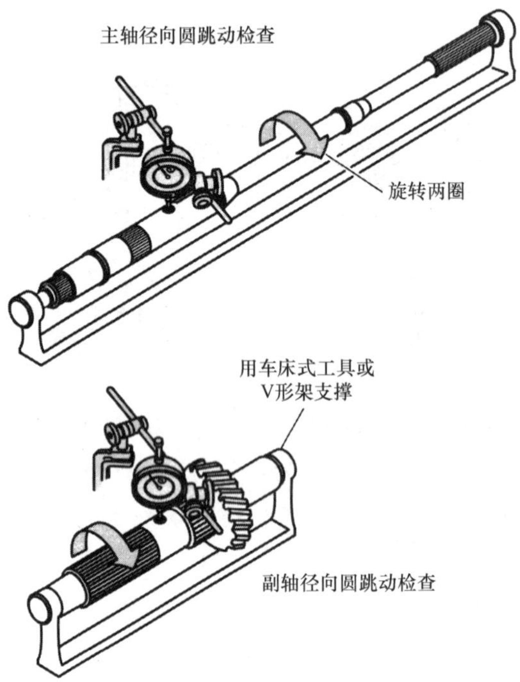

16. 参照上图，技师 A 认为：如果主轴径向圆跳动量超过标准值，则需要更换。技师 B 认为：可以使用乙炔炬和液压机将主轴拉直。他们两人谁说的对呢？

A. 只有技师 A 对

B. 只有技师 B 对

C. 两人都对

D. 两人都错

17. 检修带有离合器组件的防滑差速器。技师 A 认为：离合器从动盘应交替安装（钢、纤维、钢）。技师 B 认为：离合器从动盘应右侧安装钢盘，左侧安装纤维盘。他们两人谁说的对呢？

A. 只有技师 A 对

B. 只有技师 B 对

C. 两人都对

D. 两人都错

18. 在液压离合器系统中，当离合器踏板被完全踩下时，离合器不能正确分离。下列哪项是产生此故障的原因？

A. 离合器踏板自由行程小于指定值

B. 离合器液压系统中有空气

C. 离合器摩擦片磨损

D. 压盘有划痕

19. 货车 4 速变速器齿轮中发出尖锐的噪声，但是四档除外。挂入四档时，噪声几乎完全消失。技师 A 认为：输入轴轴承引发的噪声。技师 B 认为：可能是中间轴轴承引起的噪声。他们两人谁说的对呢？

A. 只有技师 A 对

B. 只有技师 B 对

C. 两人都对

D. 两人都错

20. 为了更换中间轴轴承，要拆卸驱动桥。技师 A 认为：卡环不能重复利用，要安装新的卡环。技师 B 认为：通过检查的轴承可以重复使用，只要它们是使用拉拔器拆除的，而不是用锤子拆除的。他们两人谁说的对呢？

A. 只有技师 A 对

B. 只有技师 B 对

C. 两人都对

D. 两人都错

21. 具有自动锁紧轮毂的车辆由于接合缓慢正在被检测。技师 A 认为：许多具有自动锁紧轮毂的车辆需要绕特定方向行驶一圈，以便轮毂接合和分离。技师 B 认为：驾驶人不必离开车辆使自动锁紧轮毂接合。他们两人谁说的对呢？

A. 只有技师 A 对

B. 只有技师 B 对

C. 两人都对

D. 两人都错

22. 下列关于拆装车轴描述不正确的是：

A. 检查密封区域的轴，必要时用细砂纸修复

B. 更换轴的密封件，不能重复使用

C. 轴应该在垂直方向竖直取出

D. 某些轴需要使用滑锤拆除

23. 二档齿轮离合器齿和锁环齿在驱动桥上严重磨损。此问题可能会导致下列哪种现象产生？

A. 当在二档行驶时会发出尖锐的声音

B. 在二档加速时会产生振动

C. 二档和三档之间换档困难

D. 变速驱动桥二档时会跳档

24. 延伸壳体在配合表面上出现毛刺和沟槽。技师 A 认为：如果毛刺和沟槽不是过多，可以使用锉刀进行修复。技师 B 认为：配合表面是机加工面，只能用细砂纸修复。他们两人谁说的对呢？

A. 只有技师 A 对

B. 只有技师 B 对

C. 两人都对

D. 两人都错

25. 四驱车辆差速器上的远程排气口的作用是：

A. 增加差速器中的压力

B. 避免水分进入差速器

C. 保证润滑剂不泄漏

D. 促进差速器润滑

26. 技师 A 认为：如果差速器内部压力过大，则会导致轴封泄漏。技师 B 认为：轴承磨损将导致轴封泄漏。他们两人谁说的对呢？

A. 只有技师 A 对

B. 只有技师 B 对

C. 两人都对

D. 两人都错

27. 车上安装了一个新的万向节。技师 A 认为：万向节应该润滑，直到润滑脂从四个接头中溢出。技师 B 认为：万向节要使用优质锂基润滑脂润滑，这种润滑脂满足 NLGI（美国润滑脂学会）1 级或 2 级要求。他们两人谁说的对呢？

A. 只有技师 A 对

B. 只有技师 B 对

C. 两人都对

D. 两人都错

28. 更换前万向节。技师 A 认为：装配后，新的 U 形接头仍然需要润滑。技师 B 建议密切注意注油嘴的位置，如果安装不当，则油枪无法通过注油嘴注入润滑脂。他们两人谁说的对呢？

A. 只有技师 A 对

B. 只有技师 B 对

C. 两人都对

D. 两人都错

29. 更换驱动桥润滑油。技师 A 认为：合适的油位是比注入孔高一个手指关节的位置。技师 B 认为：大多数驱动桥使用质量指标为 90 的齿轮润滑油。他们两人谁说的对呢？

A. 只有技师 A 对

B. 只有技师 B 对

C. 两人都对

D. 两人都错

30. 下列关于差速器壳体和从动锥齿轮的拆卸和更换的说法哪个是错误的？

A. 拆卸壳体和从动锥齿轮总成之前应测量从动锥齿轮的径向圆跳动量

B. 拆卸壳体和从动锥齿轮总成之前应测量壳体的侧向游隙

C. 拆卸壳体和从动锥齿轮总成之前，侧面轴承盖应相对于外壳做标记

D. 安装壳体和从动锥齿轮总成之前，侧面轴承应清洁干燥

31. 拆卸变速器进行检修。技师 A 认为：在拆卸时应注意彻底检查各部件的损坏情况。技师 B 认为：一些变速器组件要有对齐的标记以便于重新组装。他们两人谁说的对呢？

A. 只有技师 A 对

B. 只有技师 B 对

C. 两人都对

D. 两人都错

32. 当调节主减速器的主动锥齿轮深度时，技师 A 认为：要更换可压缩垫片。技术人员 B 说：主动锥齿轮的深度也可以通过安装轴承座圈进行调节。他们两人谁说的对呢？

A. 只有技师 A 对

B. 只有技师 B 对

C. 两人都对

D. 两人都错

33. 在全轮驱动车辆上有液体从变速驱动桥的输出轴密封件中泄漏。技术人员取下密封件进行检查，结果没有发现任何问题。技师 A 认为：检查万向节密封面是否损坏。技师 B 认为：排气口可能堵塞。他们两人谁说的对呢？

A. 只有技师 A 对

B. 只有技师 B 对

C. 两人都对

D. 两人都错

34. 四轮驱动车辆在四轮驱动器接合时急速转向，转向盘感觉猛烈颤动。技术人员 A 表示，这对于许多四轮驱动车辆来说可能是正常现象。技术人员 B 说如果车辆在前桥上装有球笼式万向节和中央差速器，则不是正常现象。他们两人谁说的对呢？

A. 只有技师 A 对

B. 只有技师 B 对

C. 两人都对

D. 两人都错

35. 在手动五速变速器中，倒档中间齿轮与什么齿轮啮合？

A. 一档齿轮

B. 五档齿轮

C. 主驱动齿轮

D. 倒档齿轮

36. 技师 A 认为：驱动轴不平衡导致随着车速的提高振动加大。技师 B 认为：驱动轴不平衡导致随着车速的提高振动减弱。他们两人谁说的对呢?

A. 只有技师 A 对

B. 只有技师 B 对

C. 两人都对

D. 两人都错

37. 车辆的车速里程表损坏。技师 A 认为：车速传感器可能有故障。技师 B 认为：车速里程表的驱动齿轮可能损坏。他们两人谁说的对呢?

A. 只有技师 A 对

B. 只有技师 B 对

C. 两人都对

D. 两人都错

38. 技师 A 认为：车速传感器可以用电流表进行检测。技师 B 说：当检查车速传感器信号时，应在车辆驱动时使用示波器进行检测。他们两人谁说的对呢?

A. 只有技师 A 对

B. 只有技师 B 对

C. 两人都对

D. 两人都错

39. 四驱真空切换系统不能正常地切换到四驱模式。技师 A 认为，四驱真空马达的真空软管可能破损。技师 B 认为：前轴上的真空马达可能出现故障。他们两人谁说的对呢?

A. 只有技师 A 对

B. 只有技师 B 对

C. 两人都对

D. 两人都错

40. 车辆被诊断为传动系统出现振动故障。技师 A 认为：应检查传动轴是否正确定位。技师 B 认为：应检查传动轴的径向圆跳动量。他们两人谁说的对呢?

A. 只有技师 A 对

B. 只有技师 B 对

C. 两人都对

D. 两人都错

模拟考试 2

1. 技师 A 认为：认真检查变速器输入轴是更换离合器程序的一部分。技师 B 认为：在没有完全拆卸传动装置的情况下可以更换变速器输入轴。他们两人谁说的对呢?

A. 只有技师 A 对

B. 只有技师 B 对

C. 两人都对

D. 两人都错

2. 正在测量差速器从动锥齿轮的径向圆跳动量。技师 A 认为：如果从动锥齿轮的径向圆跳动量过大，则从动锥齿轮可以在支架上转动 180° 并重新检查。技师 B 认为：在拆卸前应检查从动锥齿轮的径向圆跳动量。他们两人谁说的对呢?

A. 只有技师 A 对

B. 只有技师 B 对

C. 两人都对

D. 两人都错

3. 由于轮齿磨损，5 速变速器需要重新安装，变速器现在同时挂在两个档位上。技师 A 认为：安装的制动弹簧强度过大。技师 B 认为：应检查互锁装置是否正常工作。他们两人谁说的对呢?

A. 只有技师 A 对

B. 只有技师 B 对

C. 两人都对

D. 两人都错

4. 技师 A 认为：拆除驱动桥的第一步是切断蓄电池负极。技师 B 认为：导向销用于支撑滑落出来的变速器。他们两人谁说的对呢?

A. 只有技师 A 对

B. 只有技师 B 对

C. 两人都对

D. 两人都错

5. 技师 A 认为：图示中正在测量离合器安全开关自由行程。技师 B 认为：当离合器压盘磨损时，自由行程将变小。他们两人谁说的对呢?

A. 只有技师 A 对

B. 只有技师 B 对

C. 两人都对

D. 两人都错

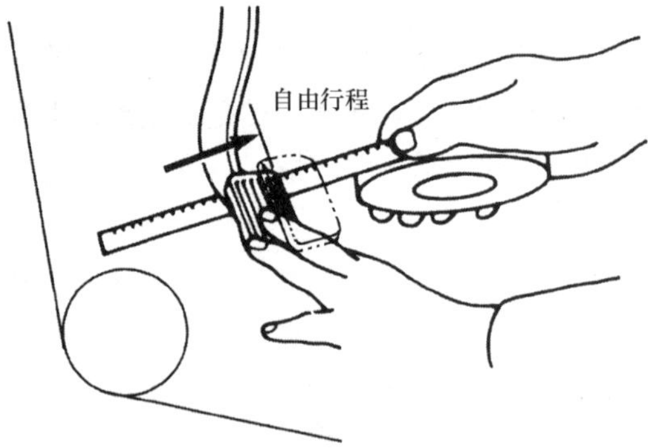

6. 技师 A 认为：拆卸传动轴通常需要拆卸部分前悬架。技师 B 认为：拆卸传动轴的第一步是松开后差速器螺母。他们两人谁说的对呢？

A. 只有技师 A 对

B. 只有技师 B 对

C. 两人都对

D. 两人都错

7. 技师 A 认为：拆卸和大修差速器时，主动锥齿轮轴垫片可重复使用。技师 B 认为：设置适当的主动锥齿轮轴承预紧力后，通过卸下主动锥齿轮法兰盘螺母来调整主动锥齿轮深度。他们两人谁说的对呢？

A. 只有技师 A 对

B. 只有技师 B 对

C. 两人都对

D. 两人都错

8. 全驱车辆在转弯时有明显的振动。技师 A 认为：传动轴中的 U 形万向节叉可能磨损。技师 B 认为：外侧前桥万向节叉可能磨损。他们两人谁说的对呢？

A. 只有技师 A 对

B. 只有技师 B 对

C. 两人都对

D. 两人都错

9.4 速变速器中齿轮轴和对应的滚针轴承发生了点蚀和刻痕。技师 A 认为：变速器会在发动机怠速、变速器空档、离合器接合时发出巨大的噪声。技师 B 认为：除四档之外，变速器可能会在任何档位时发出巨大的噪声。他们两人谁说的对呢？

A. 只有技师 A 对

B. 只有技师 B 对

C. 两人都对

D. 两人都错

10. 前驱车辆在转弯时发出咔嗒的噪声。技师 A 认为：这是由外驱动轴接头磨损引起的。技师 B 认为：这是由前轮轴承磨损引起的。他们两人谁说的对呢？

A. 只有技师 A 对

B. 只有技师 B 对

C. 两人都对

D. 两人都错

11. 后驱车辆在加速时会发出沉闷的噪声。技师 A 认为：如果车辆使用了中心支撑轴承，应该检查其是否正常工作。技师 B 认为：可以调整中心支撑轴承来调节传动系统角度。他们两人谁说的对呢？

A. 只有技师 A 对

B. 只有技师 B 对

C. 两人都对

D. 两人都错

12. 变速器换档困难。技师 A 认为：应该检查润滑油的黏度。技师 B 认为：如果使用高黏度油，那么在较冷的天气下，换档将会更加困难。他们两人谁说的对呢？

A. 只有技师 A 对

B. 只有技师 B 对

C. 两人都对

D. 两人都错

13. 调整具有手动换档传动机构的四驱车辆。技师 A 认为：一些变速器要求在调整之前将四驱杆置于特定位置。技师 B 认为：一些变速器需要使用一定尺寸的垫片来适当地定位控制杆以进行调整。他们两人谁说的对呢？

A. 只有技师 A 对

B. 只有技师 B 对

C. 两人都对

D. 两人都错

14. 技师 A 认为：图中所示的变速驱动桥在拆除期间，支撑夹具用于支撑发动机。技师 B 认为：支撑夹具用于在变速驱动桥安装期间定位发动机。他们两人谁说的对呢？

A. 只有技师 A 对

B. 只有技师 B 对

C. 两人都对

D. 两人都错

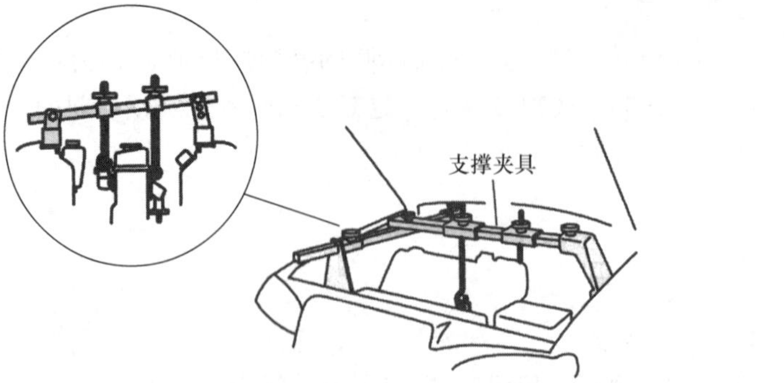

15. 更换离合器时，发现飞轮磨损严重。技师 A 认为：通过重新扭转飞轮可以改善飞轮的磨损现象。技师 B 认为：飞轮磨损过大会引起分离不彻底的现象。他们两人谁说的对呢？

A. 只有技师 A 对

B. 只有技师 B 对

C. 两人都对

D. 两人都错

16. 参考图示，技师 A 认为：由于同步器锁环磨损，两箭头之间的距离会增加。 技师 B 认为：这个距离是用测距仪测量的。他们两人谁说的对呢？

A. 只有技师 A 对

B. 只有技师 B 对

C. 两人都对

D. 两人都错

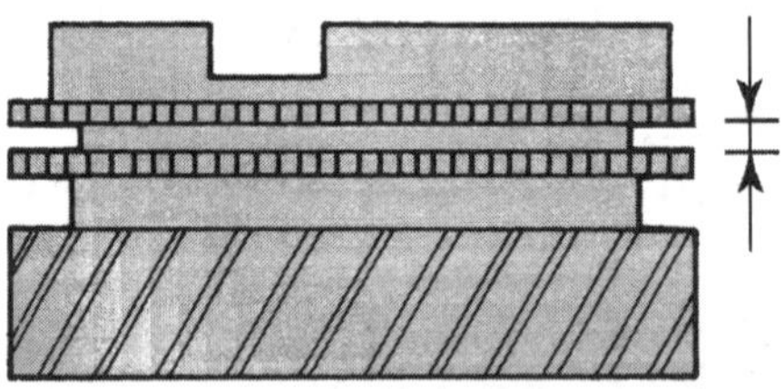

17. 四驱车辆的黏性联轴节式中央差速器过早失效。技师 A 认为：应该检查是否使用了正确品牌和尺寸的轮胎。技师 B 认为：低至 34.475kPa 的压力会影响黏性联轴节式中央差速器的运行。他们两人谁说的对呢？

A. 只有技师 A 对

B. 只有技师 B 对

C. 两人都对

D. 两人都错

18. 技师 A 说：变速器排气口堵塞可能导致密封件泄漏油液。技师 B 认为：在通过高水位的路段时，变速器通风孔有助于防止水进入。他们两人谁说的对呢？

A. 只有技师 A 对

B. 只有技师 B 对

C. 两人都对

D. 两人都错

19. 后驱车辆随着车速的提高振动不断增大。技师 A 认为：配重块可能从传动轴上掉落。技师 B 认为：车轮和轮胎可能会失去平衡。他们两人谁说的对呢？

A. 只有技师 A 对

B. 只有技师 B 对

C. 两人都对

D. 两人都错

20. 图示的测量方法能够准确确定的是：

A. 轴承磨损量

B. 侧面轴承预载

C. 半轴齿轮轴向间隙

D. 轴承座圈深度

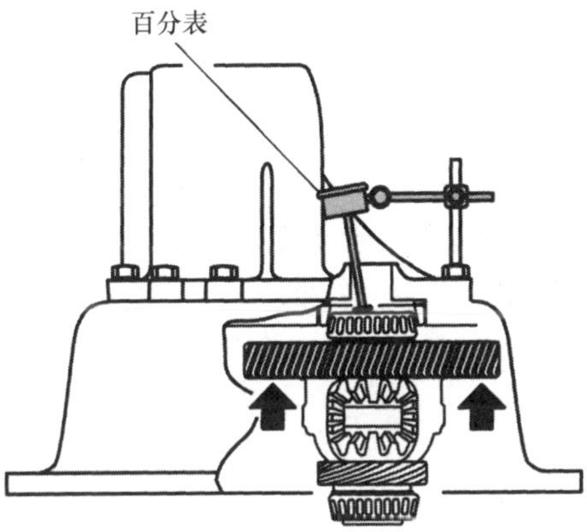

21. 技师 A 认为：全时四驱和分时四驱车辆之间的主要区别是中央差速器。技师 B 认为：具有分时四驱的车辆仅用于越野。他们两人谁说的对呢？

A. 只有技师 A 对

B. 只有技师 B 对

C. 两人都对

D. 两人都错

22. 车辆离合器从动盘上有油污。技术人员 A 说：油可能来自发动机后部的主密封件。技师 B 认为：油可能来自发动机阀盖。他们两人谁说的对呢？

A. 只有技师 A 对

B. 只有技师 B 对

C. 两人都对

D. 两人都错

23. 技师 A 认为：变速杆调整不当可能导致变速器跳档。技师 B 认为：

变速杆调整不当可能会导致换档困难。他们两人谁说的对呢？

A. 只有技师 A 对

B. 只有技师 B 对

C. 两人都对

D. 两人都错

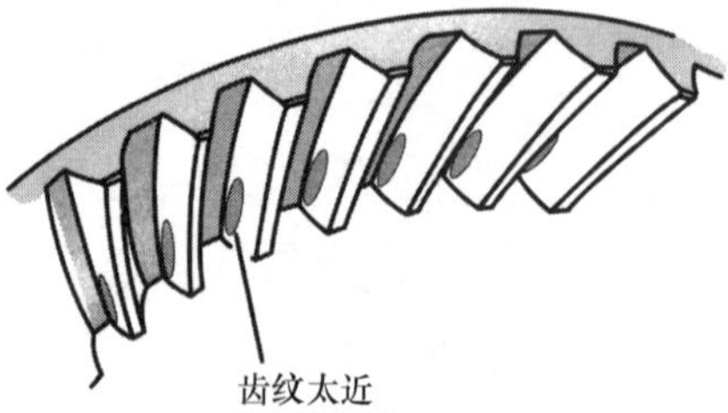

24. 技师 A 认为：图中所示的主动锥齿轮深度太深。技师 B 认为：从动锥齿轮齿隙应该减少。他们两人谁说的对呢？

A. 只有技师 A 对

B. 只有技师 B 对

C. 两人都对

D. 两人都错

25. 拆卸变速驱动桥进行大修。技师 A 认为：在拆卸前应测量输入轴和主轴的轴向间隙。技师 B 认为：应该旋转输入轴，使驱动桥在任意档位的齿轮中转动，包括倒档齿轮。他们两人谁说的对呢？

A. 只有技师 A 对

B. 只有技师 B 对

C. 两人都对

D. 两人都错

26. 技师 A 认为：如果曲轴轴向间隙过大，飞轮将需要增加垫片。技师 B 说：每次更换离合器时应检查飞轮跳动量。他们两人谁说的对呢？

A. 只有技师 A 对

B. 只有技师 B 对

C. 两人都对

D. 两人都错

27. 技师 A 认为：使用扭力扳手可以检查防滑差速器。技师 B 认为：可以使用弹簧秤检查防滑差速器。他们两人谁说的对呢？

A. 只有技师 A 对

B. 只有技师 B 对

C. 两人都对

D. 两人都错

28. 后驱车辆后端的车轴轴向间隙过大。技师 A 认为：可能是轴承故障。

技师 B 认为：C 形卡环磨损导致的问题。他们两人谁说的对呢？

A. 只有技师 A 对

B. 只有技师 B 对

C. 两人都对

D. 两人都错

29. 技师 A 认为：轮胎速度指数对全轮驱动模式没有影响。技师 B 认为：混合轮胎品牌可能对全轮驱动车辆产生影响。他们两人谁说的对呢？

A. 只有技师 A 对

B. 只有技师 B 对

C. 两人都对

D. 两人都错

30. 技师 A 认为：变速器大修时，锁紧垫圈可以重复使用。技师 B 认为：厌氧密封剂在空气中固化。他们两人谁说的对呢？

A. 只有技师 A 对

B. 只有技师 B 对

C. 两人都对

D. 两人都错

31. 技师 A 认为：拆卸变速器时应使用导向销。技师 B 认为：安装变速器时应使用导向销。他们两人谁说的对呢？

A. 只有技师 A 对

B. 只有技师 B 对

C. 两人都对

D. 两人都错

32. 技师 A 认为：如果使用吊具从桥壳上拆下差速器，那么外壳不应扩展到 0.030in（0.762mm）以上。技师 B 认为：如果吊具不可用，则可以使用撬棍和一块木头撬出差速器。他们两人谁说的对呢？

A. 只有技师 A 对

B. 只有技师 B 对

C. 两人都对

D. 两人都错

33. 技师 A 认为：变速器中的轴轴向间隙过大，则可以通过选择卡环调整轴向间隙到公差范围。技师 B 认为：一些变速器使用垫片来调整轴向间隙。他们两人谁说的对呢？

A. 只有技师 A 对

B. 只有技师 B 对

C. 两人都对

D. 两人都错

34. 前驱车辆上的车速里程表不起作用。技师 A 认为：车速传感器可能出现故障，应该进行检查。技师 B 认为：用扫描工具验证车速传感器（VSS）

是否正常工作。他们两人谁说的对呢？

A. 只有技师 A 对

B. 只有技师 B 对

C. 两人都对

D. 两人都错

35. 技师 A 认为：拆卸变速器过程中，在拆除驱动轴之前应进行标记。技师 B 认为：有些变速器必须作为发动机的一部分进行拆除。他们两人谁说的对呢？

A. 只有技师 A 对

B. 只有技师 B 对

C. 两人都对

D. 两人都错

36. 前驱车辆高速行驶时转向盘振动。技师 A 认为：内部球笼式万向节可能磨损导致不能平顺转动。技师 B 认为：前轮可能失衡。他们两人谁说的对呢？

A. 只有技师 A 对

B. 只有技师 B 对

C. 两人都对

D. 两人都错

37. 后驱车辆在转弯时后桥发出剧烈的噪声。技师 A 认为：差速器发生故障。技师 B 认为：可能是承载轴承磨损引起的。他们两人谁说的对呢？

A. 只有技师 A 对

B. 只有技师 B 对

C. 两人都对

D. 两人都错

38. 技师 A 认为：必须拆卸驱动桥才能更换前置后驱车辆上的差速器。技师 B 认为：多数驱动桥通过齿轮旋转、沟槽和油道进行润滑。他们两人谁说的对呢？

A. 只有技师 A 对

B. 只有技师 B 对

C. 两人都对

D. 两人都错

39. 技师 A 表示，变速器采用自动变速器油（ATF）进行润滑。技师 B 表示，变速器采用齿轮油润滑。他们两人谁说的对呢？

A. 只有技师 A 对

B. 只有技师 B 对

C. 两人都对

D. 两人都错

40. 技师 A 认为：可以使用螺纹调节器设置驱动桥轴承侧向预载。技师

B 认为：可以使用垫片设置驱动桥轴承侧向预载。他们两人谁说的对呢？

A. 只有技师 A 对

B. 只有技师 B 对

C. 两人都对

D. 两人都错

模拟考试 3

1. 技师 A 认为：图示设置了主动锥齿轮轴承预载。技师 B 认为：使用压力模拟轴承座圈的夹紧力，而不必实际安装轴承座圈。他们两人谁说的对呢？

A. 只有技师 A 对

B. 只有技师 B 对

C. 两人都对

D. 两人都错

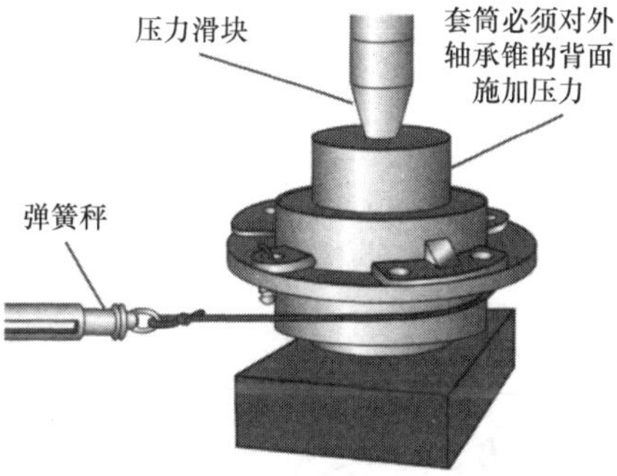

2. 后驱车辆的离合器壳孔径向跳动量过大。技师 A 认为：离合器壳孔径向跳动量过大的原因是导向轴承 / 衬套过早磨损。技师 B 认为：离合器壳孔径向跳动量可接受的最大值是 0.020 in（0.50mm）。他们两人谁说的对呢？

A. 只有技师 A 对

B. 只有技师 B 对

C. 两人都对

D. 两人都错

3. 技师 A 认为：倒档中间齿轮仅用于倒档。技师 B 认为：倒档中间齿轮的轴向间隙由止推垫圈控制。他们两人谁说的对呢？

A. 只有技师 A 对

B. 只有技师 B 对

C. 两人都对

D. 两人都错

4. 技师 A 建议：检查变速器油液时要确保车辆处于水平路面。技师 B 认为：更换油液对去除金属杂质很重要，杂质会加大变速器内部元件的磨损。他们两人谁说的对呢？

A. 只有技师 A 对

B. 只有技师 B 对

C. 两人都对

D. 两人都错

5. 技师 A 认为：驱动轴的跳动量应该从轴承座开始测量 1in（2.54mm）。技师 B 认为：应该在驱动轴的中心测量轴的跳动量。他们两人谁说的对呢?

A. 只有技师 A 对

B. 只有技师 B 对

C. 两人都对

D. 两人都错

6. 维修车轮轴承时，哪个操作步骤是错误的：

A. 确保轴向间隙为 0.001 ~ 0.005 in（0.0254 ~ 0.127mm）

B. 车轮轴承在溶剂中清洗并重新包装

C. 安装了新的油封

D. 用压缩空气吹干旋转的轴承

7. 图中技术人员在做什么?

A. 安装导向轴承

B. 拆卸导向轴承

C. 安装分离轴承

D. 拆卸分离轴承

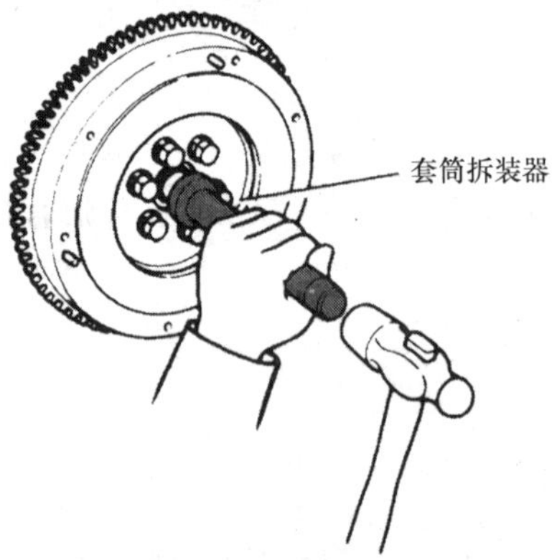

8. 在崎岖的路面行驶时，变速器跳出三档。技师 A 认为：可能自锁弹簧破损或弹性变弱。技师 B 认为：自锁装置可能磨损。他们两人谁说的对呢?

A. 只有技师 A 对

B. 只有技师 B 对

C. 两人都对

D. 两人都错

9. 驱动桥反复发生主动锥齿轮密封故障。技师 A 认为：检查密封件的密封面是否有磨损槽。技师 B 认为：需要更换可拆卸垫片才能解决密封失效问题。他们两人谁说的对呢？

A. 只有技师 A 对

B. 只有技师 B 对

C. 两人都对

D. 两人都错

10. 四档变速器的输入轴轴向间隙过大将会使变速器跳出：

A. 一档

B. 二档

C. 四档

D. 倒档

11. 前驱车辆在转弯时前部发出“咔嗒”的噪声。技师 A 认为：可能是由于外传动轴接头磨损引起的。技师 B 认为：可能是前轮轴承引起的。他们两人谁说的对呢？

A. 只有技师 A 对

B. 只有技师 B 对

C. 两人都对

D. 两人都错

12. 以下关于变速器拆装和检查的描述，哪项是错误的：

A. 变速器链条应进行拉伸和松动检查

B. 测量止推垫圈的厚度来检查其磨损情况，做出合适的选择

C. 拆卸过程中应进行规格测量

D. 安装前清洁所有部件，干燥后进行装配

13. 技师 A 认为：波形弹簧使离合器接合平稳，延长传动系统寿命。技术人员 B 说，在离合器接合期间，减振弹簧压缩。他们两人谁说的对呢？

A. 只有技师 A 对

B. 只有技师 B 对

C. 两人都对

D. 两人都错

14. 技师 A 认为：变速器输入轴磨损，如果是靠飞轮侧，则可以重复使用。 技师 B 认为：应检查输入轴的导向区域。他们两人谁说的对呢？

A. 只有技师 A 对

B. 只有技师 B 对

C. 两人都对

D. 两人都错

15. 技师 A 认为：如果图示中的测量值过大，则必须更换行星轮止推垫圈。技师 B 认为：这种测量可以确定齿轮磨损。他们两人谁说的对呢？

A. 只有技师 A 对

B. 只有技师 B 对

C. 两人都对

D. 两人都错

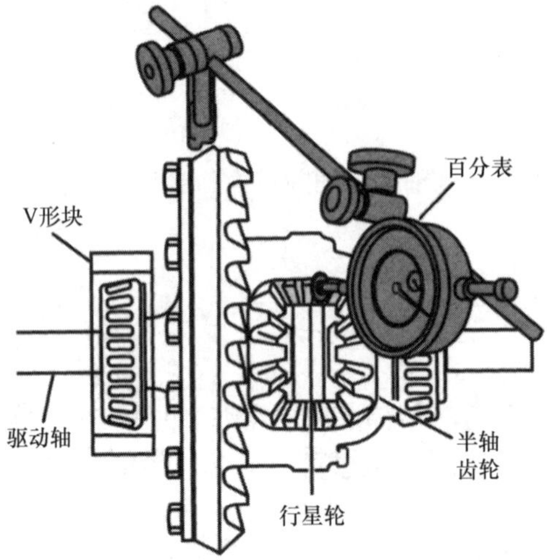

16. 技师 A 认为：十字轴式万向节磨损可能会产生“吱吱”声。技师 B 认为：只有在加速过程中才会出现严重的振动，可能是由于双联式万向节上的定心球和双联叉磨损造成的。他们两人谁说的对呢？

A. 只有技师 A 对

B. 只有技师 B 对

C. 两人都对

D. 两人都错

17. 技师 A 认为：为了测量差速器壳跳动量，应该拆下从动锥齿轮。技师 B 认为：必须安装侧面轴承盖。他们两人谁说的对呢？

A. 只有技师 A 对

B. 只有技师 B 对

C. 两人都对

D. 两人都错

18. 分动器上的电动换档电动机无法运行。技师 A 认为：应在接线盒处检查换档电动机的电压，如果电压等于电源电压，则需要更换换档电动机。技师 B 认为：应在更换任何部件之前，对换档电动机的电源和搭铁进行压降测试。他们两人谁说的对呢？

A. 只有技师 A 对

B. 只有技师 B 对

C. 两人都对

D. 两人都错

19. 技师 A 认为：如果离合器壳的跳动量超过限定值，可以使用垫片来校正偏差。技师 B 认为：如果垫片不可用，可以从衬垫中去除。他们两人谁说的对呢？

A. 只有技师 A 对

B. 只有技师 B 对

C. 两人都对

D. 两人都错

20. 前驱车辆在加速或减速时有沉闷的噪声。技师 A 认为：如果噪声在转弯时变大，那么故障出现在内侧的球笼式万向节。技师 B 认为：故障是内侧的球笼式万向节磨损造成的。他们两人谁说的对呢？

A. 只有技师 A 对

B. 只有技师 B 对

C. 两人都对

D. 两人都错

21. 参考图示，技师 A 认为：如果中央差速齿轮失效，则后轮将没有动力。技师 B 认为：如果黏性联轴器失效，则必须更换整个模块。他们两人谁说的对呢？

A. 只有技师 A 对

B. 只有技师 B 对

C. 两人都对

D. 两人都错

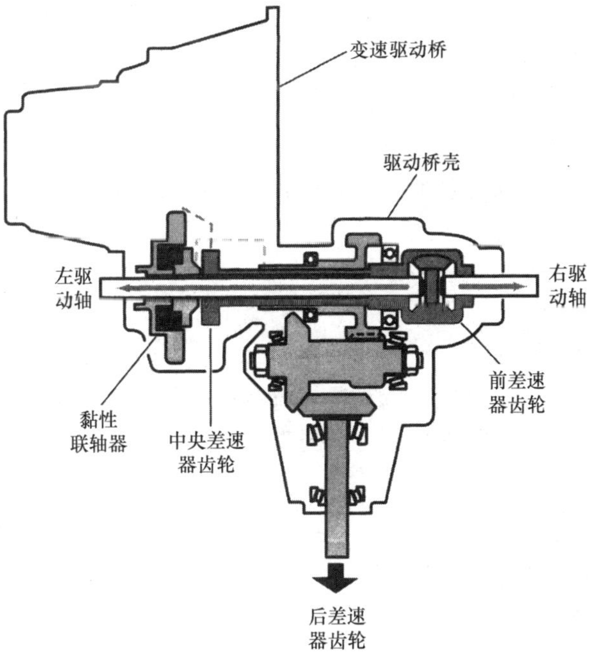

22. 离合器接合的情况下，变速器在空档时有剧烈噪声。技师 A 认为：输出轴轴承可能有故障。技师 B 认为：输入轴轴承可能有故障。他们两人谁说的对呢？

A. 只有技师 A 对

B. 只有技师 B 对

C. 两人都对

D. 两人都错

23. 技师 A 认为：发动机和驱动桥支架未对准可能导致传动系统振动。技师 B 认为：发动机和驱动桥支架未对准可能会影响前悬架角度。他们两人谁说的对呢?

A. 只有技师 A 对

B. 只有技师 B 对

C. 两人都对

D. 两人都错

24. 在测量驱动轴跳动量时，除哪项外，其他的选项都会操作：

A. 将车辆变速器置于空档

B. 使用磁力座百分表

C. 在平面上旋转驱动轴，检查其是否损坏

D. 清洁输入轴表面以精确检查跳动量

25. 技师 A 认为：防滑差速器中润滑剂的合适高度是比填充孔高过一指关节。技师 B 认为：一些防滑差速器需要特殊的润滑油添加剂。他们两人谁说的对呢?

A. 只有技师 A 对

B. 只有技师 B 对

C. 两人都对

D. 两人都错

26. 分动器发出过多噪声，是由下列原因引起的，哪一选项除外：

A. 冷却液液位低

B. 分动器驱动链条未对准

C. 万向节磨损

D. 输出轴轴承损坏

27. 换油期间，在驱动桥润滑油中有黄铜片。技师 A 认为：这是轴承开始磨损剥落的迹象。技师 B 认为：同步器开始磨损剥落。他们两人谁说的对呢?

A. 只有技师 A 对

B. 只有技师 B 对

C. 两人都对

D. 两人都错

28. 技师 A 认为：如果离合器异响仅在踏板踩到底部时发生，则可能是分离轴承产生故障。 技师 B 认为：仅在离合器接合且发动机置于空档时产生异响，可能是由于输入轴轴承引起的。他们两人谁说的对呢?

A. 只有技师 A 对

B. 只有技师 B 对

C. 两人都对

D. 两人都错

29. 车辆后端发出剧烈的噪声，而且在右急转弯时越来越大。技师 A 认为：车辆轴承开始失效。技师 B 认为：差速器侧面轴承产生噪声。他们两人谁说的对呢？

A. 只有技师 A 对

B. 只有技师 B 对

C. 两人都对

D. 两人都错

30. 技师 A 认为：离合器液压系统可以将油液通过工作缸中放气螺钉自行排出。技术人 B 认为：离合器液压系统可以施加压力使油液从工作缸放气螺钉中排出。他们两人谁说的对呢？

A. 只有技师 A 对

B. 只有技师 B 对

C. 两人都对

D. 两人都错

31. 车速超过 48km/h 后，车辆后桥有振动。技师 A 认为：应检查传动系统以及配对法兰盘是否跳动量过大。技师 B 建议：如果跳动量过大，则断开法兰盘并旋转 180° 重新连接。他们两人谁说的对呢？

A. 只有技师 A 对

B. 只有技师 B 对

C. 两人都对

D. 两人都错

32. 技师 A 认为：齿轮组是变速器润滑系统的主要部件。技师 B 认为：一些变速器用油槽将润滑油导入到关键区域。他们两人谁说的对呢？

A. 只有技师 A 对

B. 只有技师 B 对

C. 两人都对

D. 两人都错

33. 下列哪项不是更换变速器后部油封的步骤？

A. 拆下驱动轴

B. 润滑新油封的边缘

C. 用锤子和黄铜冲子压入新油封

D. 拧紧万向节螺栓

34. 全驱车辆中的分动器可以取代以下哪个机构？

A. 减速齿轮

B. 液力变矩器

C. 轴间差速器

D. 驱动链条

35. 后驱车辆由于车轴噪声正在诊断。技师 A 认为：只有在走曲线或转弯时才会听到磨削噪声，故障可能在其中一个轴承。技师 B 认为：只有在走曲线或转弯时才听到咔嗒声，故障可能在外部等速万向节中。他们两人谁说的对呢?

A. 只有技师 A 对

B. 只有技师 B 对

C. 两人都对

D. 两人都错

36. 检查输出轴速度传感器的诊断故障码（DTC）时，读取故障码后不应该执行以下哪项?

A. 安装新的传感器

B. 检查线束是否导通

C. 查看维修手册

D. 检查插接器

37. 在一档和倒档驱动时，4 速变速驱动桥发出沉闷的噪声。技师 A 认为：中间轴齿轮可能发生故障。技师 B 认为：可能是倒档中间齿轮故障。他们两人谁说的对呢?

A. 只有技师 A 对

B. 只有技师 B 对

C. 两人都对

D. 两人都错

38. 电子分动器无法接合。以下哪项是最不可能的原因？

A. 电动换档电动机故障

B. 熔丝熔断

C. 四驱接合开关故障

D. 链锁生锈

39. 在变速驱动桥壳体上检查配合表面翘曲的最佳方法是使用以下哪种工具?

A. 直尺

B. 百分表

C. 千分尺

D. 平面

40. 技师 A 认为：当更换车轮轴承时，也应更换轴承座。技师 B 认为：如果车轮轴承是组合轴承，那么轴承座不需要更换。他们两人谁说的对呢?

A. 只有技师 A 对

B. 只有技师 B 对

C. 两人都对

D. 两人都错

模拟考试 4

1. 技师 A 说，测试离合器打滑时，变速器应处于低速档。技师 B 说，当离合器片磨损时，自由行程变小。他们两人谁说的对呢?

A. 只有技师 A 对

B. 只有技师 B 对

C. 两人都对

D. 两人都错

2. 技师 A 说，壳体密封反复失效是由于壳体衬套损坏导致的。技师 B 说，中间轴轴承损坏会导致壳体衬套过早磨损。他们两人谁说的对呢?

A. 只有技师 A 对

B. 只有技师 B 对

C. 两人都对

D. 两人都错

3. 变速驱动桥经常产生传动轴密封泄漏问题导致更换。技师 A 说，这个问题可能是由变速驱动桥排气口堵塞引起的。技师 B 说，这个问题可能是由磨损的外等速万向节引起的。他们两人谁说的对呢?

A. 只有技师 A 对

B. 只有技师 B 对

C. 两人都对

D. 两人都错

4. 技师 A 说，插图中的软管夹是用于平衡传动轴的。技师 B 说，粉笔标记显示跳动位置。他们两人谁说的对呢?

A. 只有技师 A 对

B. 只有技师 B 对

C. 两人都对

D. 两人都错

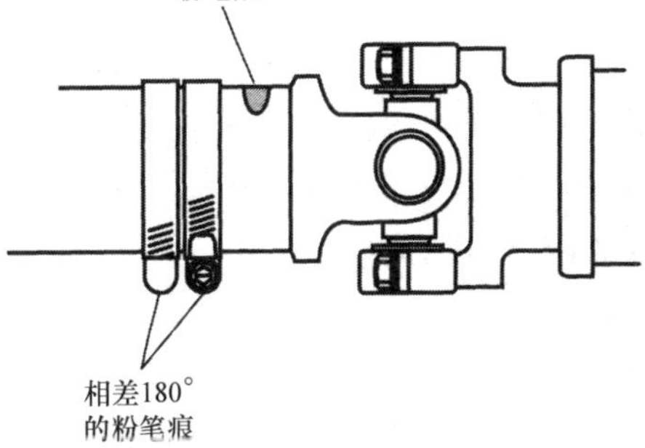

5. 以下所有关于防滑差速器的陈述都是正确的，除了（　　）

A. 纤维板被花键连接到半轴齿轮上

B. 需要特殊的润滑剂添加剂

C. 每个离合器组件都有预紧弹簧

D. 用扭力扳手检查分离力矩

6. 以下关于 4WD 前驱动轴和接头的说明除了（　　）都是正确的。

A. 接头应涂上良好的 NLG 2 润滑脂

B. 磨损的等速万向节可能会在转弯时产生咔嗒声

C. 内三脚架接头用卡簧固定在车轴上

D. 需要一个特殊的工具来安装密封套夹

7. 以下关于离合器定位工具的使用都是正确的，除了（　　）:

A. 将导向轴承与离合器花键毂开口对齐

B. 将压盘与飞轮对齐

C. 在压盘安装过程中，离合器从动盘应保持固定

D. 可以使用旧的变速器输入轴代替

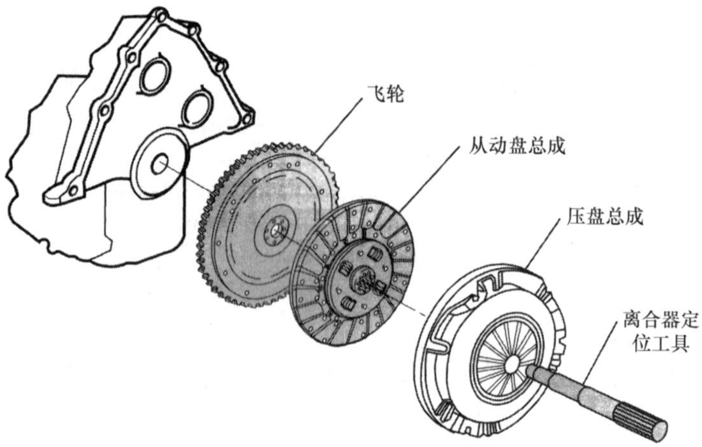

8. 技师 A 说，倒车灯开关是常开开关。技师 B 说，在汽车行驶中，倒车灯开关通电，但在车辆倒档时闭合。他们两人谁说的对呢?

A. 只有技师 A 对

B. 只有技师 B 对

C. 两人都对

D. 两人都错

9. 技师 A 说，车速传感器可以用电流表进行测试。技师 B 说，当检查车速传感器信号时，应在车辆行驶或在台架上运行时使用示波器。他们两人谁说的对呢?

A. 只有技师 A 对

B. 只有技师 B 对

C. 两人都对

D. 两人都错

10. 技师 A 表示，百分表应位于传动轴后端附近，以测量传动轴的跳动。技师 B 说，如果传动轴的跳动超出极限，那么传动轴可以使用液压机和直尺

进行矫直。他们两人谁说的对呢?

A. 只有技师 A 对

B. 只有技师 B 对

C. 两人都对

D. 两人都错

11. 技师 A 表示，在加速或减速过程中，小齿轮螺母拧紧力矩过大可能会发出沉闷的声响。技师 B 表示，在车辆行驶时，小齿轮螺母拧紧力矩过大可能导致隆隆的声响。他们两人谁说的对呢?

A. 只有技师 A 对

B. 只有技师 B 对

C. 两人都对

D. 两人都错

12. 当自动四轮驱动（A4WD）的转矩管理分动器正在运转，前驱动轴开始比后驱动轴转动更快时，会发生什么?

A. 控制单元激励黏性联轴器

B. 控制单元减少节气门开度

C. 控制单元增加离合器线圈占空比

D. 控制单元减小后轮的转矩

13. 技师 A 说，如果在飞轮表面重新加工过程中加入过多的材料，则离合器从动盘上的减振弹簧可能会接触飞轮螺栓，从而在接合和分离时产生噪声。技师 B 表示，当飞轮表面重新加工时，如果清除了过多的材料，则工作缸杆可能没有足够的行程以正确地放松离合器。他们两人谁说的对呢?

A. 只有技师 A 对

B. 只有技师 B 对

C. 两人都对

D. 两人都错

14. 变速器传动机构应该在变速器（　　）档位进行换档。

A. 第一

B. 第二

C. 空档

D. 倒档

15. 技师 A 说，如果车速里程表不能在带有变速器的车辆上正常显示，则应该检查车速传感器的信号。技师 B 说，可能是触发轮有缺陷。他们两人谁说的对呢?

A. 只有技师 A 对

B. 只有技师 B 对

C. 两人都对

D. 两人都错

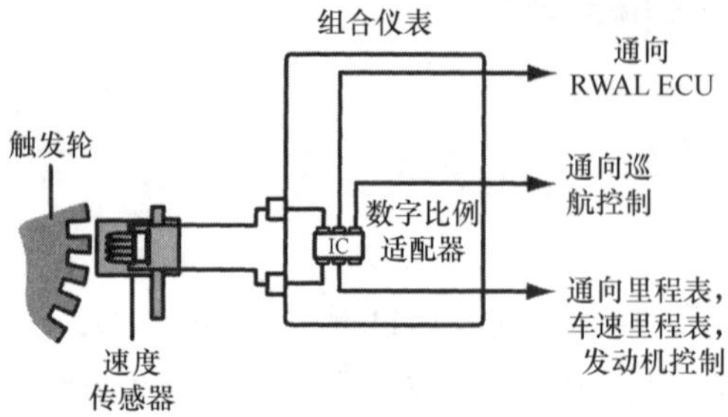

16. 随着车速增加，后轮驱动的车辆产生了振动。技师 A 说，平衡重可能已经从传动轴上掉下来了。技师 B 说，可能有一个不平衡的车轮。他们两人谁说的对呢?

A. 只有技师 A 对

B. 只有技师 B 对

C. 两人都对

D. 两人都错

17. 图中所示百分表上的过大的从动锥齿轮径向跳动可能会由以下原因引起：

A. 主动锥齿轮轴承预紧力

B. 半轴齿轮末端

C. 侧面轴承预紧力

D. 差速器壳跳动

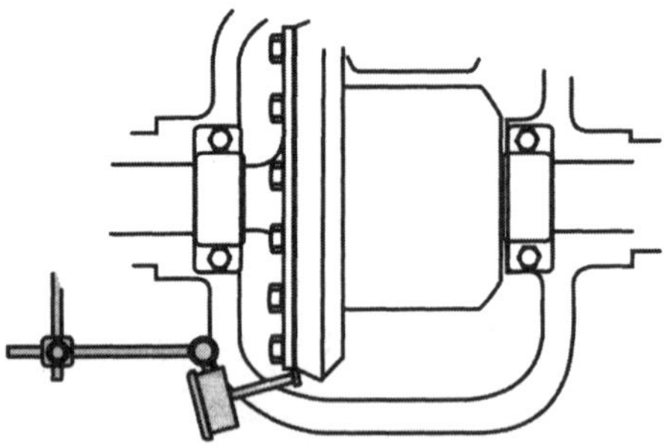

18. 变速器异响可能由以下所有情况引起，除了（　　）

A. 变速器油面低

B. 磨损的变速器万向节接头

C. 变速器驱动链条未对准

D. 损坏的变速器输出轴轴承

19. 技师 A 说，离合器踏板自由行程预留了分离轴承和压盘之间的距离。技师 B 说，磨损的分离轴承在离合器接合时噪声最大。他们两人谁说的对呢?

A. 只有技师 A 对

B. 只有技师 B 对

C. 两人都对

D. 两人都错

20. 变速器中的轴承预紧力是：

A. 在安装轴承之前测试轴承

B. 轴承在负载下可承受的压力

C. 在组装变速器时施加到轴承上的压力

D. 不可调

21. 一个四速手动变速器在三档时跳档了。技师 A 表示，3-4 档换档机构上的换档导轨制动弹簧弹力可能失效。技师 B 说，四档齿轮啮合齿可能磨损过多。他们两人谁说的对呢？

A. 只有技师 A 对

B. 只有技师 B 对

C. 两人都对

D. 两人都错

22. 技师 A 说，带有锥形前轮轴承的四轮驱动车辆的前轮轴承允许有 0.001 ~ 0.005in（0.025 ~ 0.127mm）范围内的轴向间隙。技师 B 说，一些新型车辆使用不可调整的组合轴承。他们两人谁说的对呢？

A. 只有技师 A 对

B. 只有技师 B 对

C. 两人都对

D. 两人都错

23. 从差速器上拆下车轴，接下来的步骤应该是：

A. 使其直立放置在地板上

B. 拆下后检查轴凸缘的跳动

C. 留在车下方

D. 水平放置在地板上

24. 技师 A 表示，电子换档变速器可以在任何速度时换到 4 档。技师 B 表示，变速器可以在任何档位中换到 4 档。他们两人谁说的对呢？

A. 只有技师 A 对

B. 只有技师 B 对

C. 两人都对

D. 两人都错

25. 技师 A 说，飞轮上齿圈的磨损会导致离合器颤动。技师 B 说，飞轮上齿圈的磨损会影响起动机的接合。他们两人谁说的对呢？

A. 只有技师 A 对

B. 只有技师 B 对

C. 两人都对

D. 两人都错

26. 重新组装变速器外壳时，以下哪一个组件不会被更换？

A. 中间轴

B. 尾座垫圈

C. 车速里程表 O 形圈

D. 输出轴密封

27. 技师 A 说，如果中间轴齿轮磨损，则应更换输入轴上的配对齿轮以配合新的中间轴。技师 B 说，如果中间轴齿轮磨损，则应检查变速器外壳和所有相关轴承。他们两人谁说的对呢？

A. 只有技师 A 对

B. 只有技师 B 对

C. 两人都对

D. 两人都错

28. 技师 A 表示，如果车辆静止并且离合器分离时，主动轴轴承可能会在变速器处于空档位置时产生噪声。技师 B 说，一些中心支撑轴承需要润滑。他们两人谁说的对呢？

A. 只有技师 A 对

B. 只有技师 B 对

C. 两人都对

D. 两人都错

29. 技师 A 表示，主动锥齿轮上的预紧力应用百分表测量。技师 B 表示，主动锥齿轮预紧力也可用塞尺测量。他们两人谁说的对呢？

A. 只有技师 A 对

B. 只有技师 B 对

C. 两人都对

D. 两人都错

30. 以下所有内容除了（　　）都是四轮驱动车辆轮胎检查的一部分。

A. 纵横比

B. 公称宽度

C. 额定负载

D. 轮胎品牌

31. 当离合器分离时，离合器区域发出尖叫。技师 A 说，分离轴承可能需要润滑。技师 B 表示，分离轴承已经损坏，应该更换。他们两人谁说的对呢？

A. 只有技师 A 对

B. 只有技师 B 对

C. 两人都对

D. 两人都错

32. 变速器正在拆卸以进行检修。技师 A 说，在拆卸时应小心彻底检查各部件的损坏情况。技师 B 说，一些传动组件应有标记，以便在重新组装时对齐。他们两人谁说的对呢？

A. 只有技师 A 对

B. 只有技师 B 对

C. 两人都对

D. 两人都错

33. 技师 A 说，应该用新的拨叉导轨替换已弯曲的拨叉导轨。技师 B 表示，拨叉导轨可以在加热后，使用百分表，使其弯曲回正确位置。他们两人谁说的对呢？

A. 只有技师 A 对

B. 只有技师 B 对

C. 两人都对

D. 两人都错

34. 在组装差速器组件时，除了（　　），以下所有内容都是正确的：

A. 必须拆下车轴

B. 轴承盖应与外壳做好配合标记

C. 轴承座圈和垫圈不应混在一起

D. 主动锥齿轮总是保持在轴套内

35. 变速器的远程排气口有什么作用？

A. 将润滑油添加到变速器中

B. 防止水进入变速器

C. 将润滑油保持在变速器中

D. 增加变速器中的压力

36. 当从车辆上拆除变速驱动桥差速器时，以下哪一个部件是最不可能拆除的部件？

A. 半轴

B. 变速驱动桥

C. 下控制臂

D. 离合器总成

37. 更换差速器时，技师 A 表示，未显示损坏的差速器侧面轴承可以在新的差速器上重新使用。技师 B 说，如果差速器侧面轴承被更换，则必须更换轴承座圈。他们俩谁说的对呢？

A. 只有技师 A 对

B. 只有技师 B 对

C. 两人都对

D. 两人都错

38. 在 4WD 汽车上，所有以下情况，除了（　　）都可能导致在改变节气门开度时产生明显的振动。

A. 万向节损坏

B. 传动轴角度不正确

C. 传动轴滑接花键过紧

D. 前驱动轴万向节磨损

39. 在检查手动变速器倒档中间齿轮时，技师 A 说，应检查倒档中间齿轮的中心孔表面是否平滑无损伤。技师 B 说，倒档中间齿轮齿轮中心孔应有花键，并且应检查花键是否过度磨损或损坏。他们俩谁说的对呢？

A. 只有技师 A 对

B. 只有技师 B 对

C. 两人都对

D. 两人都错

40. 技师 A 表示，在四轮驱动模式下，许多变速器在低档范围变速是可行的。技师 B 说，许多变速器在低档范围内通过行星齿轮组传输动力。他们俩谁说的对呢？

A. 只有技师 A 对

B. 只有技师 B 对

C. 两人都对

D. 两人都错

模拟考试 5

1. 如图所示，百分表测量的是：

A. 曲轴跳动

B. 曲轴轴向间隙

C. 曲轴翘曲

D. 曲轴预紧力

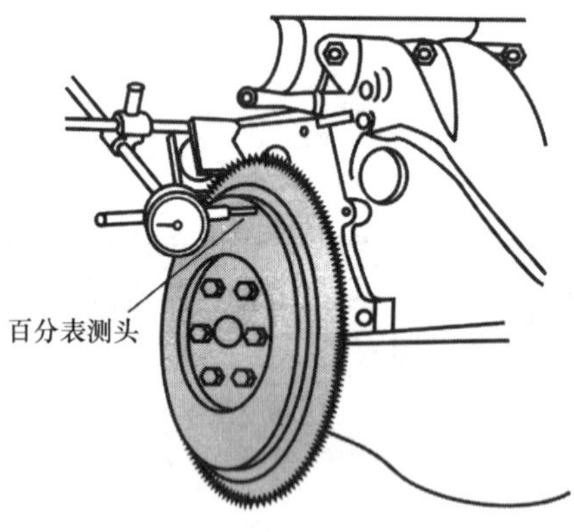

2. 手动变速器在四档时跳档。技师 A 表示，可能是四档齿轮与其匹配的同步器之间的轴向间隙过大。技师 B 说，可能是四档换档导轨上的制动弹簧弹力减弱。他们俩谁说的对呢？

A. 只有技师 A 对

B. 只有技师 B 对

C. 两人都对

D. 两人都错

3. 技师 A 说，更换新的车速里程表电缆时，不必更换车速里程表主动齿轮。技师 B 表示，主动齿轮齿数不同，使用错误的齿轮会导致车速里程表读数发生变化。他们俩谁说的对呢？

A. 只有技师 A 对

B. 只有技师 B 对

C. 两人都对

D. 两人都错

4. 在车辆上安装了一个新的万向节。技师 A 说，万向节必须润滑直到润滑脂从四个轴承盖上溢出。技师 B 表示，传动轴位置可能受万向节已装入的润滑脂量的影响。他们俩谁说的对呢？

A. 只有技师 A 对

B. 只有技师 B 对

C. 两人都对

D. 两人都错

5. 当调整主动锥齿轮深度时，技师 A 建议更换可压缩垫片。技师 B 表示，也可以通过选择安装轴承座圈来调整主动锥齿轮的深度。他们俩谁说的对呢？

A. 只有技师 A 对

B. 只有技师 B 对

C. 两人都对

D. 两人都错

6. 四轮驱动车辆由于轮胎过早磨损而第二次更换轮胎。技师 A 表示，轮胎的负载能力相对于汽车可能太小。技师 B 说，可能轮胎的充气压力不正确。他们俩谁说的对呢？

A. 只有技师 A 对

B. 只有技师 B 对

C. 两人都对

D. 两人都错

7. 一辆手动变速器的车辆拖到店里，投诉其不起动。技师验证投诉，发现车辆不起动。技师 A 建议检查离合器安全开关是否开路。技师 B 说离合器开关可能失调。他们俩谁说的对呢？

A. 只有技师 A 对

B. 只有技师 B 对

C. 两人都对

D. 两人都错

8. 当诊断出输出轴速度传感器的 DTC 时，在读完故障码后，不会做以下哪项？

A. 查阅维修手册

B. 安装新的传感器

C. 检查插接器

D. 检查线束的连续性

9. 四驱车辆上，从变速器输出轴密封件上泄漏了驱动桥润滑油，技术人员取下密封件进行检查，看不到密封件有问题。技师 A 建议检查损坏的万向节叉密封表面。技师 B 说排气口可能被堵塞。他们俩谁说的对呢？

A. 只有技师 A 对

B. 只有技师 B 对

C. 两人都对

D. 两人都错

10. 对后轮驱动车辆进行速度相关振动的诊断。技师 A 说，大多数万向节工作角度不应超过 3°。技师 B 说，共轴上的两个万向节工作角度应在 1° 内相互抵消。他们俩谁说的对呢？

A. 只有技师 A 对

B. 只有技师 B 对

C. 两人都对

D. 两人都错

11. 正在调整差速器侧面轴承预紧力。技师 A 说，一些后轮驱动车辆差速器需要选择正确的垫片厚度来调整侧面轴承预紧力。技师 B 说，一些后轮驱动车辆差速器使用螺纹调节器来调整侧面轴承预紧力。他们俩谁说的对呢？

A. 只有技师 A 对

B. 只有技师 B 对

C. 两人都对

D. 两人都错

12. 有一台变速器正在维修，技师 A 说，变速器壳和变速器必须作为一个组件整体拆除。技师 B 说，所有的万向节叉和法兰盘都应该被标记以便正确重新组装。他们俩谁说的对呢？

A. 只有技师 A 对

B. 只有技师 B 对

C. 两人都对

D. 两人都错

13. 更换离合器时，发现压盘有小裂纹。技师 A 说应该更换压盘。技师 B 表示压盘应重新加工表面，然后安装。他们俩谁说的对呢？

A. 只有技师 A 对

B. 只有技师 B 对

C. 两人都对

D. 两人都错

14. 技师 A 说图中测量了变速器预紧力。技师 B 表示如果测量值过大，则可以更换止推垫圈以校正测量结果。他们俩谁说的对呢？

A. 只有技师 A 对

B. 只有技师 B 对

C. 两人都对

D. 两人都错

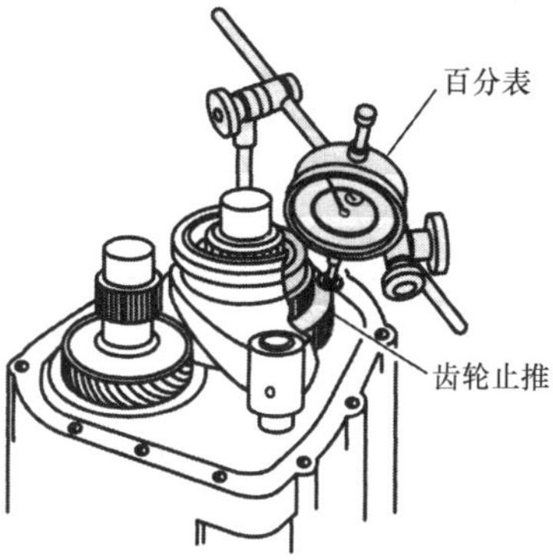

15. 当汽车在一档和倒档行驶时，四速变速器会发出当啷声。技师 A 说中间轴上的齿轮可能有问题。技师 B 说倒档齿轮可能有问题。 他们俩谁说的对呢？

A. 只有技师 A 对

B. 只有技师 B 对

C. 两人都对

D. 两人都错

16. 在转弯时，前轮驱动汽车上产生咔嗒声。导致噪声的原因可能是一个损坏的（　　）

A. 内等速万向节

B. 前轴

C. 车轮轴承

D. 外等速万向节

17. 防滑差速器不能正常工作。以下哪一个是最不可能的原因？

A. 摩擦片磨损

B. 弹簧预紧力不足

C. 使用错误的添加剂

D. 侧面轴承使用不正确的垫片

18. 在具有直前轴的四轮驱动车辆上，可以通过（ ）校正前万向节工作角度。

A 校正前桥外壳

B. 安装较短的驱动轴

C. 万向节工作角度不能更改

D. 安装一个 4in（101.6mm）的车身举升机

19. 有缺陷或磨损的导向轴承可能会在以下哪种情况下产生嘎嘎声和咆哮声？

A. 发动机空转，离合器接合

B. 发动机空转，离合器踏板分离

C. 发动机空转，离合器完全分离

D. 发动机空转，离合器踏板完全分离

20. 技师 A 说，许多带有内部换档机构的变速器没有内部换档调节装置。技师 B 表示，只有具有外部换档机构的变速器才能调整。他们俩谁说的对呢？

A. 只有技师 A 对

B. 只有技师 B 对

C. 两人都对

D. 两人都错

21. 技师 A 说，在下图中正在测量差速器轴承预紧力。技师 B 表示应使用半轴齿轮紧固件拧紧力矩。他们俩谁说的对呢？

A. 只有技师 A 对

B. 只有技师 B 对

C. 两人都对

D. 两人都错

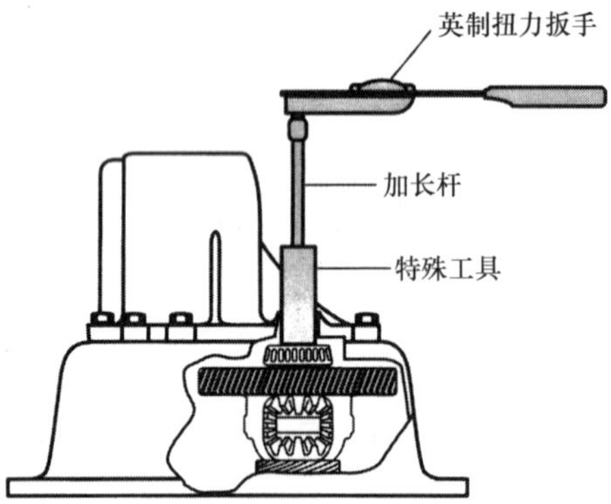

22. 在十字架上安装一个带润滑脂的替代 U 形接头时，润滑油嘴应指向：

A. 节叉

B. 传动轴

C. 发动机

D. 差速器

23. 技师 A 表示，在检查后桥跳动时，要慢慢旋转车轴。技师 B 表示要使用百分表来测量跳动。他们俩谁说的对呢？

A. 只有技师 A 对

B. 只有技师 B 对

C. 两人都对

D. 两人都错

24. 一辆全时四轮驱动车辆在每个车轮上安装了不同尺寸的轮胎。技师 A 表示，这可能会导致三个差速器过早失效。技师 B 说如果车主加入特殊的添加剂，那么就对差速器无影响。他们俩谁说的对呢？

A. 只有技师 A 对

B. 只有技师 B 对

C. 两人都对

D. 两人都错

25. 技师 A 表示离合器颤动可能是由飞轮摩擦表面凹凸不平引起的。技师 B 说离合器从动盘上的油会导致离合器颤动。他们俩谁说的对呢？

A. 只有技师 A 对

B. 只有技师 B 对

C. 两人都对

D. 两人都错

26. 变速器在换档时无法进入第一档。其中哪一个是最不可能的原因？

A. 同步器套筒损坏

B. 换档传动装置失调

C. 换档拨叉损坏

D. 一档齿轮断齿

27. 技师 A 说，在拆卸驱动桥之前，不需要检查输入轴轴向间隙。技师 B 表示，在拆卸驱动桥之前，要始终旋转输入轴以检查转向力。他们俩谁说的对呢？

A. 只有技师 A 对

B. 只有技师 B 对

C. 两人都对

D. 两人都错

28. 技师 A 说传动轴的跳动应该用数显卡尺在传动轴中间位置检查。技师 B 表示，应在传动轴的差速器端部设置百分表以检查跳动。他们俩谁说的对呢？

A. 只有技师 A 对

B. 只有技师 B 对

C. 两人都对

D. 两人都错

29. 如图所示，在百分表旋转到零位后，百分表上的测杆移动到量规板上，百分表指针逆时针移动 0.057in（1.45mm），主动锥齿轮被标记 -4。则适当的主动锥齿轮垫片厚度为：

A. 0.043in（1.09mm）

B. 0.042in（1.07mm）

C. 0.039in（0.99mm）

D. 0.041in（1.04mm）

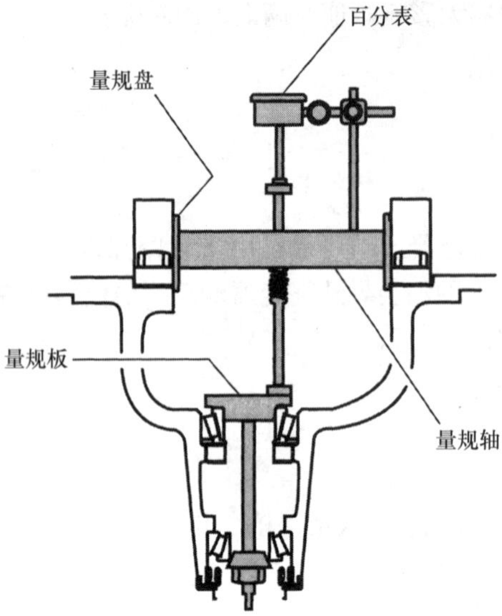

30. 从车辆上拆卸变速器壳体时，列出的以下哪些部件是不用断开或拆卸的？

A. 前驱动轴

B. 后驱动轴

C. 变速器

D. 换档传动机构

31. 技师 A 表示，恒定运行的分离轴承常与液压离合器一起使用。技师 B 表示在推压式压盘上，分离轴承离开压盘以使离合器分离。他们俩谁说的对呢？

A. 只有技师 A 对

B. 只有技师 B 对

C. 两人都对

D. 两人都错

32. 三档锁环上的间隙小于规定值。技师 A 说这可能会使汽车在三档行驶时产生噪声。技师 B 表示，这个问题可能会导致较难换入三档。他们俩谁说的对呢？

A. 只有技师 A 对

B. 只有技师 B 对

C. 两人都对

D. 两人都错

33. 技师 A 说大多数驱动桥壳体都是用室温硫化（RTV）密封剂密封的。技师 B 说，一些驱动桥壳有纸垫。他们俩谁说的对呢？

A. 只有技师 A 对

B. 只有技师 B 对

C. 两人都对

D. 两人都错

34. 要测量差速器外壳 / 托架跳动，将使用以下哪种工具?

A. 千分尺

B. 塞尺

C. 百分表

D. 扭力扳手

35. 店内有一辆四轮驱动汽车前桥密封泄漏。在排出液体时，技术人员注意到液体是乳状并含水。技师 A 表示，这种情况可能是汽车在高水位路况行驶时导致的。技师 B 说，应检查排气口位置，以确保其没有损坏，并且软管无裂缝。他们俩谁说的对呢?

A. 只有技师 A 对

B. 只有技师 B 对

C. 两人都对

D. 两人都错

36. 技师 A 说，可以用将变速器内部绑定的方式安装变速器内部绑定的变速器应该被安装并允许插入。技师 B 说，如果变速器在安装过程中吊起，那么应该使用螺栓将其连接起来。他们俩谁说的对呢?

A. 只有技师 A 对

B. 只有技师 B 对

C. 两人都对

D. 两人都错

37. 以下关于手动变速器换档传动机构除了（　　）都是真实的：

A. 换档传动机构可以是用拉索操作的

B. 驱动桥上的换档传动机构拉索比在后轮驱动上的更长

C. 换档传动机构可以是杆操作的

D. 所有换档传动机构可调

38. 技师 A 说，如果差速器只拆卸和检修了一次，可拆卸的主动锥齿轮轴垫片则可以重新使用。技师 B 说，在主动锥齿轮轴承预紧正确后，主动锥齿轮的深度通过将主动锥齿轮凸缘螺母拧回四分之一圈来调节。他们俩谁说的对呢?

A. 只有技师 A 对

B. 只有技师 B 对

C. 两人都对

D. 两人都错

39. 技师 A 说，变速器油位低是泄漏的一个迹象。技师 B 表示过量的变速器油液可能导致液体温度升高。他们俩谁说的对呢?

A. 只有技师 A 对

B. 只有技师 B 对

C. 两人都对

D. 两人都错

40. 技师 A 说，电子换档变速器的所有换档传动机构都是外部的。技师 B 表示，换档开关电路开路将阻止变速器接合。他们俩谁说的对呢？

A. 只有技师 A 对

B. 只有技师 B 对

C. 两人都对

D. 两人都错

模拟考试 6

1. 以下哪一项是离合器颤动最不可能的原因？

A. 离合器盘减振弹簧弹力减弱

B. 后部主密封件泄漏

C. 变速器输入轴密封件泄漏

D. 输入轴轴向间隙过大

2. 延长壳体衬套的磨损很可能是由以下原因引起的：

A. 车速里程表主动齿轮磨损

B. 变速器主轴轴向间隙过大

C. 变速器排气口堵塞

D. 延长壳体上的不均匀配合面

3. 技师 A 说，不正确的换档传动机构调整可能导致变速驱动桥在负载时跳档。技师 B 表示，发动机底盘损坏可能导致变速驱动桥跳档。他们俩谁说的对呢？

A. 只有技师 A 对

B. 只有技师 B 对

C. 两人都对

D. 两人都错

4. 要测量传动轴跳动量，技师应执行以下所有操作，除了（　　）

A. 将车辆置于空档状态

B. 用千分尺检查传动轴的平行度

C. 清洁传动轴的测量位置

D. 用千斤顶抬起汽车

5. 以下哪一个是最不可能导致制动器被后端润滑油污染的原因？

A. 轴承保持架太紧

B. 油封圈磨损

C. 车轴轴承损坏

D. 车轴轴承座板扭曲

6. 手动变速器不能转换为四轮驱动（4WD）的最可能原因是下列哪项？（　　）

A. 变速器油位低

B. 后驱动轴万向节被锁止

C. 换档传动机构失调

D. 电子换档电动机损坏

7. 当离合器几乎完全分离时，从车辆的离合器和变速器区域传来轴承异响。当离合器踏板刚开始被压下时，没有噪声产生。技师 A 说离合器导向轴承可能磨损。技师 B 说分离轴承可能磨损。他们俩谁说的对呢？

A. 只有技师 A 对

B. 只有技师 B 对

C. 两人都对

D. 两人都错

8. 手动变速器在空档时，发动机怠速和离合器啮合时会产生咆哮声。踩下离合器踏板时，噪声消失。这个噪声可能是由什么引起的？

A. 曲轴的导向轴承

B. 输入轴和导向轴承接触区域

C. 输入轴轴承

D. 主轴轴承

9. 输出轴和输出轴齿轮之间的滚针轴承在变速驱动桥上由于过热而灼伤。技师 A 表示，在最后一次维护时，变速驱动桥可能已经填满了错误的润滑剂。技师 B 说，向这些轴承供油的油路可能受到限制或堵塞。他们俩谁说的对呢？

A. 只有技师 A 对

B. 只有技师 B 对

C. 两人都对

D. 两人都错

10. 技师 A 说，汽车转弯时的沉闷噪声可能是由于损坏的等速万向节造成的。技师 B 表示，当车辆直线行驶时，等速万向节也会产生噪声。他们俩谁说的对呢？

A. 只有技师 A 对

B. 只有技师 B 对

C. 两人都对

D. 两人都错

11. 技师 A 说，如果差速器填充油液过满，则会导致轴封泄漏。技师 B 表示，损坏的轴承可能导致轴封泄漏。他们俩谁说的对呢？

A. 只有技师 A 对

B. 只有技师 B 对

C. 两人都对

D. 两人都错

12. 手动变速器换档传动机构正在调整中。技师 A 说变速器连杆应该放置在四轮驱动汽车的高档位。技师 B 表示，变速器连杆应使用销或钻头进行固定。他们俩谁说的对呢？

A. 只有技师 A 对

B. 只有技师 B 对

C. 两人都对

D. 两人都错

13. 检查飞轮跳动时，以下哪一项是最不可能影响跳动量的？

A. 曲轴轴向间隙

B. 齿圈磨损

C. 飞轮紧固件拧紧力矩

D. 百分表测杆位置

14. 技师 A 说，安装软木垫圈时，不需要添加密封剂。技师 B 说，橡胶垫片安装时不用添加任何密封剂。他们俩谁说的对呢？

A. 只有技师 A 对

B. 只有技师 B 对

C. 两人都对

D. 两人都错

15. 从手动变速驱动桥排油时，液体中会看到金色物质。最可能的原因是（　　）损坏。

A. 锁环

B. 变速齿轮

C. 倒档中间齿轮

D. 中间轴

16. 技师 A 说，频闪灯和螺旋式软管夹可用于平衡汽车的传动轴。技师 B 说，一些传动轴具有用于平衡的匹配标记。他们俩谁说的对呢？

A. 只有技师 A 对

B. 只有技师 B 对

C. 两人都对

D. 两人都错

17. 当排出防滑差速器油液时，液体中发现纸状物质。最有可能的原因是什么？

A. 防滑同步器损坏

B. 防滑离合器从动盘损坏

C. 车轴密封件损坏

D. 主动锥齿轮密封件损坏

18. 具有前半轴的四轮驱动汽车 CV 轴套破损，以下哪种是修复轴套的正确方法？

A. 更换轴组件

B. 更换 CV 万向节和轴套

C. 改装 CV 万向节，并安装防护罩

D. 改装 CV 万向节，并使用指定的封口机重新封装轴套

19. 技师 A 说，在尝试调整离合器之前，应测量离合器踏板自由行程。技师 B 说，如果离合器打滑，那么可以通过调整离合器进行校正。他们俩谁说的对呢?

A. 只有技师 A 对

B. 只有技师 B 对

C. 两人都对

D. 两人都错

20. 以下方式除了（　　）都可以调整变速器轴向间隙。

A. 不同长度的螺栓

B. 止推垫圈

C. 止推垫片

D. 选择性卡环

21. 以下除了（　　），关于手动变速器换档传动机构的描述都是真实的。

A. 许多变速器都使用转向柱变速杆

B. 换档连杆可以用拉索操作

C. 驱动桥上的换档连杆连接拉索比后轮驱动上的换档连杆连接拉索更长

D. 换档连杆可以是内部的

22. 关于中心支撑轴承的说法哪个是正确的?

A. 通常是密封的轴承，并且是免维护的

B. 使用的油脂应该与万向节的油脂类似

C. 它是驱动轴的一部分，不能单独更换

D. 用于所有后轮驱动车辆

23. 如图所示，技师正在测量：

A. 从动锥齿轮径向跳动

B. 从动锥齿轮齿隙

C. 轴承预紧力

D. 主动锥齿轮齿隙

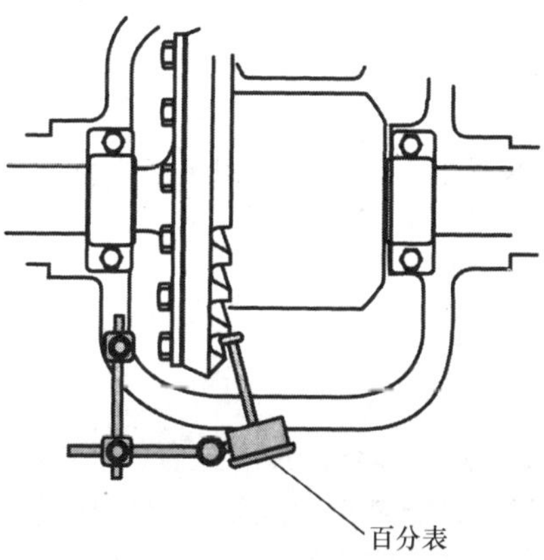

24. 正在更换前万向节。技师 A 说，组装后，新的 U 形万向节仍然需要润滑。技师 B 说，如果万向节安装不正确，那么用油枪将不能把润滑脂喷射到配件上。他们俩谁说的对呢？

A. 只有技师 A 对

B. 只有技师 B 对

C. 两人都对

D. 两人都错

25. 技师 A 说，变速器支架下垂可能会导致后轮驱动车上的传动轴角度不正确。技师 B 表示，当车辆加速和减速时，不正确的传动轴角度可能导致恒速振动。他们俩谁说的对呢？

A. 只有技师 A 对

B. 只有技师 B 对

C. 两人都对

D. 两人都错

26. 四速变速器上过大的输入轴轴向间隙可能会导致变速器跳出：

A 第一档

B. 第二档

C. 第四档

D. 倒档

27. 一辆汽车的变速驱动桥能够换入所有的前进档，但无法换入倒档，当尝试换入倒档时，也没有产生噪声。技师 A 说倒档换档拨叉可能损坏。技师 B 说倒档齿轮齿可能损坏。他们俩谁说的对呢？

A. 只有技师 A 对

B. 只有技师 B 对

C. 两人都对

D. 两人都错

28. 更换轴套时，哪个部件是最不可能进行目视检查的？

A. 等速万向节

B. 车轮轴承

C. 半轴

D. 车轴密封件

29. 更换主减速器齿轮时，必须更换以下所有物件，除了（　　）。

A. 差速齿轮

B. 小齿轮密封

C. 可压缩垫片

D. 车轴密封件

30. 当四轮驱动汽车急转弯时，转向盘有颠簸的感觉。技师 A 说，这对于许多四轮驱动车辆来说可能是正常现象。技师 B 说，如果汽车在前轴处具有等速万向节，那么不会有如此大的感觉。他们俩谁说的对呢？

A. 只有技师 A 对

B. 只有技师 B 对

C. 两人都对

D. 两人都错

31. 技师 A 说，离合器可能由于失调打滑。技师 B 表示，当离合器失调时，变速器可能会产生齿轮磨削。他们俩谁说的对呢?

A. 只有技师 A 对

B. 只有技师 B 对

C. 两人都对

D. 两人都错

32. 技师 A 表示，变速器换档困难，可能是由于连杆未被润滑。技师 B 表示，这个问题可能是由于车辆离合器系统中安装的压盘太紧而引起的。他们俩谁说的对呢?

A. 只有技师 A 对

B. 只有技师 B 对

C. 两人都对

D. 两人都错

33. 技师 A 说，如果半轴齿轮损坏，则只有当车辆转弯时才会听到噪声。技师 B 表示，半轴齿轮可以使用垫片设置正确的间隙。他们俩谁说的对呢?

A. 只有技师 A 对

B. 只有技师 B 对

C. 两人都对

D. 两人都错

34. 技师 A 说，如果轮齿接触痕迹在齿尖处较低，则主动锥齿轮应朝向从动锥齿轮移动。技师 B 表示，如果主动锥齿轮轮齿与从动锥齿轮齿之间侧面接触较低，则主动锥齿轮应朝向从动锥齿轮移动。他们俩谁说的对呢?

A. 只有技师 A 对

B. 只有技师 B 对

C. 两人都对

D. 两人都错

35. 店内有一辆四轮驱动汽车前桥密封泄漏。在排出液体时，技术人员注意到液体是乳状并含水。技师 A 表示，这种情况可能是车辆在高水位行驶时导致的。技师 B 说，应检查排气口位置，以确保其没有损坏，并且软管无裂缝。他们俩谁说的对呢?

A. 只有技师 A 对

B. 只有技师 B 对

C. 两人都对

D. 两人都错

36. 具有四速变速器的汽车除了第四档之外，都有来自变速器的咆哮声。

在第四档时，噪声几乎完全消失了。技师 A 表示输入轴轴承可能会引起噪声。技师 B 说中间轴轴承可能会造成噪声。他们俩谁说的对呢？

A. 只有技师 A 对

B. 只有技师 B 对

C. 两人都对

D. 两人都错

37. 在一辆全驱汽车上，从输出轴密封件处泄漏出变速驱动桥液体，技师将密封件取下以进行检查，从密封件上无法看到任何问题。技师 A 说要检查拨叉密封表面是否损坏。技师 B 说排气口可能被堵塞。他们俩谁说的对呢？

A. 只有技师 A 对

B. 只有技师 B 对

C. 两人都对

D. 两人都错

38. 后轮驱动的车辆需要更换变速齿轮。技师 A 说，一些 RWD 车轴需要卸下小齿轮（十字叉）齿轮轴，以便更换。技师 B 说，一些 RWD 车轴通过螺栓固定在外轴凸缘上。他们俩谁说的对呢？

A. 只有技师 A 对

B. 只有技师 B 对

C. 两人都对

D. 两人都错

39. 技师 A 说，不平衡的传动轴会导致振动随着车速的增加而增加。技师 B 说，不平衡的传动轴会导致振动随着车速的增加而减小。他们俩谁说的对呢？

A. 只有技师 A 对

B. 只有技师 B 对

C. 两人都对

D. 两人都错

40. 全轮驱动汽车中央差速器失效。技师 A 表示四个轮胎不匹配可能造成这种情况。技师 B 表示，四个轮胎虽然尺寸相同，但由于小于所需的轮胎规格，造成这种情况。 他们俩谁说的对呢？

A. 只有技师 A 对

B. 只有技师 B 对

C. 两人都对

D. 两人都错

Chapter 6

第六章 标准答案和解释

说明

本章内容包括每次模拟考试的标准答案和对每道题答案的详细解释以及每个问题对应的考查范围。如果你需要返回本书第四章的任务列表寻求帮助，这个附加的参考信息会显示出它的作用。

模拟考试 1——标准答案

1.C	21.C
2.C	22.A
3.D	23.D
4.C	24.A
5.B	25.B
6.C	26.C
7.C	27.C
8.C	28.C
9.A	29.D
10.C	30.D
11.A	31.C
12.B	32.A
13.A	33.C
14.C	34.C
15.A	35.D
16.A	36.A
17.A	37.C
18.B	38.B
19.C	39.C
20.C	40.C

模拟考试 1——答案解释

1. 选项 A 错误。干式分离轴承会产生噪声，但不是影响齿轮传动的原因。选项 B 错误。齿轮碎裂也可能会产生噪声，但不是影响齿轮传动的原因。

A.1

选项 C 正确。离合器从动盘扭曲会影响离合器旋转，这使得手动变速器在挂入一档或倒档时磨损。当挂入其他档位时变速器不会磨损，因为车辆已经在运行中。

选项 D 错误。离合器自由行程不足会造成离合器打滑。

A.10

2. 选项 A 错误。技师 B 也是正确的。

选项 B 错误。技师 A 也是正确的。

选项 C 正确。两人都是正确的。变速器底座断裂会引起传动系统转角的变化，从而引起振动。机油和变速器油等石油产品可能导致橡胶部件的变质失效，如动力总成底座上的橡胶垫。

选项 D 错误。两人都是正确的。

E.2.3

3. 选项 A 错误。从动锥齿轮齿隙应该在从动锥齿轮上测量。

选项 B 错误。差速器轴向间隙不能直接测量出来，需要用一些特定的工具将差速器固定在驱动桥上然后测量。

选项 C 错误。半轴齿轮齿隙应该在半轴齿轮上测量。

选项 D 正确。百分表测头放在行星轮上测量行星轮齿隙。

D.6

4. 选项 A 错误。技师 B 也是正确的。

选项 B 错误。技师 A 也是正确的。

选项 C 正确。两人都是正确的。十字轴万向节工作角度应至少为 1/2°，不超过 3°，除非制造商另有规定。而且工作角度应在 1° 内相互抵消。

选项 D 错误。两人都是正确的。

F.3

5. 选项 A 错误。变速器壳体和变速器不是必须作为一个整体进行拆卸。

选项 B 正确。只有技师 B 是正确的。所有的螺栓和法兰盘要按正确顺序进行标记以便于重新装配。

选项 C 错误。只有技师 B 是正确的。

选项 D 错误。技师 B 是正确的。

C.16

6. 选项 A 错误。技师 B 也是正确的。

选项 B 错误。技师 A 也是正确的。

选项 C 正确。两人都是正确的。装有防滑差速器的车辆在转弯时颤抖的原因可能是使用不合适的润滑油，也可能是缺少防滑差速器的添加剂。

选项 D 错误。两人都是正确的。

A.2

7. 选项 A 错误。技师 B 也是正确的。

选项 B 错误。技师 A 也是正确的。

选项 C 正确。两人都是正确的。离合器安全开关防止起动机接合，除非离合器分离。离合器开关有故障或失调可能引起起动机接合问题。

选项 D 错误。两人都是正确的。

F.1

8. 选项 A 错误。技师 B 也是正确的。

选项 B 错误。技师 A 也是正确的。

选项 C 正确。两人都是正确的。在这个变速器中驱动链条只是将动力传给前轴，后轮驱动不受影响。通过接合和分离离合器来实现高 / 低速范围运转。

选项 D 错误。两人都是正确的。

9. 选项 A 正确。只有技师 A 是正确的。任何时刻，变速器中更换一个齿轮，与其啮合的齿轮也要进行更换。

选项 B 错误。任何时刻，变速器中更换一个齿轮，与其啮合的齿轮也 B.10
要进行更换。

选项 C 错误。只有技师 A 是正确的。

选项 D 错误。技师 A 是正确的。

10. 选项 A 错误。技师 B 也是正确的。

选项 B 错误。技师 A 也是正确的。

选项 C 正确。两人都是正确的。前轮锥形轴承的轴向间隙应该调整到 D.7
0.0254 ~ 0.127mm。一些后期车型采用组合式车轮轴承。

选项 D 错误。两人都是正确的。

11. 选项 A 正确。只有技师 A 是正确的。为了防止振动，万向节叉必须在一条直线上以便于抵消万向节叉角度。

选项 B 错误。线性排列万向节能够控制振动，但是不能够彻底消除。 D.1

选项 C 错误。只有技师 A 是正确的。

选项 D 错误。技师 A 是正确的。

12. 选项 A 错误。多数分离轴承不能涂抹润滑脂，一旦开始产生噪声，就已经对轴承造成了损坏。

选项 B 正确。只有技师 B 是正确的。一旦开始产生噪声，就已经对 A.4
轴承造成了损坏。

选项 C 错误。只有技师 B 是正确的。

选项 D 错误。技师 B 是正确的。

13. 选项 A 正确。只有技师 A 是正确的。只要更换导向轴承，建议先检查导向轴承径向圆跳动。

选项 B 错误。多数制造商仅要求使用少量高温润滑脂。 A.6

选项 C 错误。只有技师 A 是正确的。

选项 D 错误。技师 A 是正确的。

14. 选项 A 错误。技师 B 也是正确的。

选项 B 错误。技师 A 也是正确的。

选项 C 正确。两人都是正确的。对于一些差速器，侧面轴承预载由垫 E.2.3
片厚度决定，一些差速器则需要螺纹调节器设定侧面轴承预载。

选项 D 错误。两人都是正确的。

15. 选项 A 正确。只有技师 A 是正确的。排气口堵塞使得内部压强增大，从而使液体流出。

选项 B 错误。磨损的外驱动轴接头与驱动油封不接触。 C.3

选项 C 错误。只有技师 A 是正确的。

选项 D 错误。技师 A 是正确的。

B.8

16. 选项 A 正确。只有技师 A 是正确的。主轴径向圆跳动量过大必须更换。

选项 B 错误。乙炔炬和液压机不能用于修复主轴，过高的温度会改变主轴金属材料的回火工艺。

选项 C 错误。只有技师 A 是正确的。

选项 D 错误。技师 A 是正确的。

E.3.3

17. 选项 A 正确。只有技师 A 是正确的。带有离合器组件的防滑差速器应将纤维盘浸泡在差速器润滑油中，因此要交替安装（钢、纤维、钢）。

选项 B 错误。离合器从动盘不能将所有钢盘安装在右侧，所有纤维盘安装在左侧，要交替安装（钢、纤维、钢）。

选项 C 错误。只有技师 A 是正确的。

选项 D 错误。技师 A 是正确的。

A.3

18. 选项 A 错误。液压离合器系统没有自由行程。

选项 B 正确。系统中有空气将会阻止离合器正常分离。

选项 C 错误。离合器摩擦片磨损不影响离合器分离。

选项 D 错误。压盘有划痕不会引起离合器从动盘分离问题。

B.1

19. 选项 A 错误。技师 B 也是正确的。

选项 B 错误。技师 A 也是正确的。

选项 C 正确。两人都是正确的。输入轴轴承或中间轴轴承破损会使所有啮合齿轮产生噪声，第四档（直接档）除外。因为直接档的齿轮传动比是 1:1，尽管输入轴和中间轴转动，但是动力直接从输入轴传向主轴，轴承并未承载过大的力。

选项 D 错误。两人都是正确的。

C.7

20. 选项 A 错误。技师 B 也是正确的。

选项 B 错误。技师 A 也是正确的。

选项 C 正确。两人都是正确的。为了更换轴承，当大修或拆卸驱动桥时，应更换新的卡环。如果轴承没有任何磨损而且不是用锤子拆除的就可以重复利用。使用拉拔器不会影响轴承的完整性。

选项 D 错误。两人都是正确的。

F.11

21. 选项 A 错误。技师 B 也是正确的。

选项 B 错误。技师 A 也是正确的。

选项 C 正确。两人都是正确的。自动锁紧轮毂的优点是驾驶人不需要离开车辆来激活四轮驱动，或者使两轮驱动车辆前轴接合。这个系统的缺点是为了使轮毂接合或分离，多数情况下要求车辆移动一定距离（通常绕特定方向行驶一圈）。

选项 D 错误。两人都是正确的。

22. 选项 A 正确。如果密封区域的轴损坏，则应该更换，而不是用细砂纸修复。
选项 B 错误。更换轴时建议最好更换轴的油封。
选项 C 错误。轴要时刻竖直放置，这样齿条就不会接触地面从而造成损坏。
选项 D 错误。一些轴需要使用滑锤从差速器上去下来。

E.4.3

23. 选项 A 错误。离合器齿仅在转入二档时会产生噪声。
选项 B 错误。二档齿轮振动说明齿轮存在问题。
选项 C 错误。应该只有挂入二档时困难。
选项 D 正确。离合器齿磨损不能够使同步器套筒夹紧齿轮，并且会导致变速器出现滑齿现象。同步器的作用是将齿轮速度与主轴速度或中间轴速度相匹配，以使齿轮平滑啮合。由于离合器齿和锁环齿磨损，变速器更容易出现跳档情况。

C.8

24. 选项 A 正确。只有技师 A 的观点是正确的。如果将毛刺锉平，垫圈或密封件将使配合表面重新密封。
选项 B 错误。如果毛刺已经锉平，垫圈或密封件将使配合表面重新密封，而且砂纸可以用于表面修复，但是只能用细砂纸修复的说法是错误的。
选项 C 错误。只有技师 A 是正确的。
选项 D 错误。技师 A 是正确的。

B.13

25. 选项 A 错误。差速器上的远程排气口不会增加压力，它疏通压力。
选项 B 正确。远程排气口位于水分可以进入的位置之上。因为四驱车辆设计常用于越野，所以排气口位置比一般道路上行驶的车辆要高得多。
选项 C 错误。差速器上的远程排气口不会阻止润滑剂从差速器中溢出，因为排气口必须保证压力排出。如果差速器中压力过大，则可能会看到排气口出现差速器润滑油泄漏。
选项 D 错误。差速器上的远程排气口的作用不是向差速器中添加润滑油。

F.10

26. 选项 A 错误。技师 B 也是正确的。
选项 B 错误。技师 A 也是正确的。
选项 C 正确。两人都是正确的。破损的轴承将产生过多的热量，这可能会产生过大的压力从而导致轴封泄漏。轴封的设计不能用于阻挡大量液体，因此内部压力过大的差速器可能导致轴封处泄漏。
选项 D 错误。两人都是正确的。

E.11

27. 选项 A 错误。技师 B 也是正确的。
选项 B 错误。技师 A 也是正确的。
选项 C 正确。两人都是正确的。安装万向节时，新接头需要用符合 NLGI 1 级或 2 级的优质锂基润滑脂进行润滑，直到润滑脂从四个接

D.2

头中溢出。

选项 D 错误。两人都是正确的。

28. 选项 A 错误。技师 B 也是正确的。

选项 B 错误。技师 A 也是正确的。

F.7 选项 C 正确。两人都是正确的。新的 U 形接头在安装后需要润滑，直到润滑脂从四个接头中溢出。在安装 U 形接头时，必须注意确保注油嘴的准确定位。

选项 D 错误。两人都是正确的。

29. 选项 A 错误。大多数驱动桥的合适液位与注入孔的底部齐平。

选项 B 错误。大多数驱动桥使用机油或自动变速器油而不是质量指标为 90 的齿轮油。

C.19 选项 C 错误。两位技师的观点都不正确。

选项 D 正确。两位技师的观点都不正确。

30. 选项 A 错误。检查从动锥齿轮的径向圆跳动量以确定从动锥齿轮的实际状况。

E.1.7 选项 B 错误。在拆卸之前检查壳体的侧向游隙以确定壳体的状况。

选项 C 错误。轴承盖应标记并重新安装在与其原安装位置相同的位置。

选项 D 正确。安装之前，侧面轴承应该进行润滑。

31. 选项 A 错误。技师 B 也是正确的。

选项 B 错误。技师 A 也是正确的。

B.5 选项 C 正确。两人都是正确的。在变速器检修期间，应对所有组件进行彻底检查，并检查标记部件是否正确对齐。

选项 D 错误。两人都是正确的。

32. 选项 A 正确。只有技师 A 是正确的。可压缩垫片应该经常进行更换。

选项 B 错误。主动锥齿轮深度是通过在其轴承下方安装垫片来调整的。

E.1.5 选项 C 错误。只有技师 A 是正确的。

选项 D 错误。技师 A 是正确的。

33. 选项 A 错误。技师 B 也是正确的。

选项 B 错误。技师 A 也是正确的。

C.10 选项 C 正确。两人都是正确的。引起润滑油泄漏的原因有很多种，包括密封件破损、万向节表面损坏，甚至由于排气口堵塞引起内部压力过大等。

选项 D 错误。两人都是正确的。

34. 选项 A 错误。技师 B 也是正确的。

选项 B 错误。技师 A 也是正确的。

F.7 选项 C 正确。两人都是正确的。许多四轮驱动车辆在前轴上使用十字轴式万向节，当急剧转向时，由于转角过大，转向盘会引起猛烈的颤动。球笼式万向节可以转动 40°，而不会发生十字轴式万向节所引起的急剧颤动。

选项 D 错误。两人都是正确的。

35. 选项 A 错误。一档齿轮用于一档，并与中间轴一档齿轮啮合。

选项 B 错误。五档齿轮用于五档，并与中间轴五档齿轮啮合。

选项 C 错误。主驱动齿轮用于除直接档外的所有齿轮，并与中间轴齿轮啮合。

B.11

选项 D 正确。倒档齿轮与倒档中间齿轮相啮合。反向动力通过输入轴、主驱动齿轮传到主驱动中间轴齿轮，再通过中间轴传到倒档中间轴齿轮，再通过倒档中间轴齿轮传到倒档齿轮，最后从输出轴输出。

36. 选项 A 正确。只有技师 A 是正确的。驱动轴不平衡导致振动随着车速的提高而加大。

选项 B 错误。驱动轴不平衡不会随着车速的提高使振动减弱。

F.8

选项 C 错误。技师 B 是错误的。

选项 D 错误。技师 A 是正确的。

37. 选项 A 错误。技师 B 也是正确的。

选项 B 错误。技师 A 也是正确的。

选项 C 正确。两人都是正确的。车速里程表不工作可能是车速传感器故障或车速里程表驱动齿轮损坏导致的。

B.14

选项 D 错误。两人都是正确的。

38. 选项 A 错误。速度传感器可以是霍尔效应传感器或磁脉冲传感器。这两种都不应使用电流表进行检测。

选项 B 正确。只有技师 B 是正确的。检测车速传感器的最佳方法是使用示波器。用电阻表可以检查磁脉冲速度传感器，但是示波器会给技术人员提供更多的信息。

C.13

选项 C 错误。只有技师 B 是正确的。

选项 D 错误。技师 B 是正确的。

39. 选项 A 错误。技师 B 也是正确的。

选项 B 错误。技师 A 也是正确的。

选项 C 正确。两人都是正确的。真空软管或前轴上的真空马达磨损都会导致无法切换至四驱。

F.1

选项 D 错误。两人都是正确的。

40. 选项 A 错误。技师 B 也是正确的。

选项 B 错误。技师 A 也是正确的。

选项 C 正确。两人都是正确的。传动轴松动可能导致传动系统振动。如果传动系统定位牢固，则应检查传动轴的径向圆跳动量。

D.2 & D.5

选项 D 错误。两人都是正确的。

模拟考试 2——标准答案

1. C
2. C
3. B
4. C
5. B
6. D
7. D
8. B
9. B
10. A
11. C
12. C
13. C
14. C
15. C
16. B
17. C
18. C
19. C
20. B
21. C
22. C
23. A
24. A
25. C
26. B
27. A
28. C
29. B
30. D
31. C
32. C
33. C
34. C
35. C
36. B
37. A
38. C
39. C
40. B

模拟考试 2——答案解释

A.5

1. 选项 A 错误。技师 B 也是正确的。
   选项 B 错误。技师 A 也是正确的。
   选项 C 正确。两人都是正确的。在安装新离合器时，必须检查变速器输入轴花键和导向销。
   选项 D 错误。两人都是正确的。

E.1.3

2. 选项 A 错误。技师 B 也是正确的。
   选项 B 错误。技师 A 也是正确的。
   选项 C 正确。两人都是正确的。将百分表放置在从动锥齿轮背面来测量其径向圆跳动量。最终径向圆跳动量读数必须将正负读数相加确定。拆卸前测量从动锥齿轮径向圆跳动量可能有助于诊断后端故障。如果径向圆跳动量过大，则可以从原位拆除从动锥齿轮并转动 180° 重新安装。如果这样不能解决问题，那么需要安装一个新的从动锥齿轮和主动锥齿轮。
   选项 D 错误。两人都是正确的。

3. 选项 A 错误。制动弹簧用于对制动器施加压力。制动弹簧强度过大会导致换档困难，但这与变速器同时挂入两个档位没有任何关系。
选项 B 正确。只有技师 B 是正确的。互锁装置防止变速器同时挂入两个档位。互锁装置故障或互锁销遗落将会使变速器同时挂入两个档位。
选项 C 错误。只有技师 B 是正确的。
选项 D 错误。技师 B 是正确的。

B.6

4. 选项 A 错误。技师 B 也是正确的。
选项 B 错误。技师 A 也是正确的。
选项 C 正确。两人都是正确的。技师应该做的第一件事情是断开蓄电池负极电缆。切断蓄电池负极后，技师再切断其他连接，如离合器连接、换档拉索、倒车灯电缆以及其他组件连接。技师应该安装两个由去头螺钉组成的导向销，导向销可以帮助支撑滑落变速器的重量。
选项 D 错误。两人都是正确的。

C.4

5. 选项 A 错误。虽然一些离合器安全开关是可调节的，但是自由行程与离合器开关无关。
选项 B 正确。只有技师 B 是正确的。离合器踏板自由行程是指分离轴承在与分离杠杆的分离指接触之前移动的距离。当离合器压盘磨损时，自由行程将会变小。
选项 C 错误。只有技师 B 是正确的。
选项 D 错误。技师 B 是正确的。

A.2

6. 选项 A 错误。拆卸传动轴不是必须要拆卸前悬架。
选项 B 错误。在传动轴拆卸下来之前，后差速器螺母不能松动。
选项 C 错误。两人均不正确。
选项 D 正确。两人均不正确。拆卸传动轴不是必须要拆卸前悬架。在传动轴拆卸下来之后，后差速器螺母才能松动。

D.2

7. 选项 A 错误。可拆卸的主动锥齿轮轴垫片不能重复使用，应在拆卸后丢弃。
选项 B 错误。在确定适当的轴承预紧力后，不能通过拆卸螺母来调整主动锥齿轮深度。
选项 C 错误。两人均不正确。
选项 D 正确。两人均不正确。可拆卸的主动锥齿轮轴垫片不能重复使用，应在拆卸后丢弃。在确定适当的轴承预紧力后，不能通过拆卸螺母来调整主动锥齿轮深度。

E.1.4

8. 选项 A 错误。如果是因为车辆的 U 形万向节叉磨损引起的振动，那不仅转向时振动，在车辆运行过程中都会振动。
选项 B 正确。只有技师 B 是正确的。外侧 U 形万向节叉磨损后会在转弯时振动加大。
选项 C 错误。只有技师 B 是正确的。
选项 D 错误。技师 B 是正确的。

F.1

B.1

9. 选项 A 错误。对应的轴和轴承在空转时没有负载，不会产生噪声。
选项 B 正确。只有技师 B 是正确的。变速器在任何档位运行过程中对应的轴和轴承都会承载，但第四档除外，因为四档是直接传动档。
选项 C 错误。只有技师 B 是正确的。
选项 D 错误。技师 B 是正确的。

D.2

10. 选项 A 正确。在恒速时转角的变化以及转弯时外驱动轴接头会产生噪声，但是在直线行驶时是不会发生的。
选项 B 错误。车轮轴承磨损通常在转弯时会发出变化的磨削声或咆哮声。
选项 C 错误。只有技师 A 是正确的。
选项 D 错误。技师 A 是正确的。

D.3

11. 选项 A 错误。技师 B 也是正确的。
选项 B 错误。技师 A 也是正确的。
选项 C 正确。两人都是正确的。在具有长轴距和一些高性能的车辆上，需要使用中心支撑轴承来控制传动轴的振动，允许使用两个短的传动轴代替一个长的传动轴。如果发现万向节工作角度不合适，则可以在中心支撑轴承座上使用垫片来调整工作接头的角度。
选项 D 错误。两人都是正确的。

C.1

12. 选项 A 错误。技师 B 也是正确的。
选项 B 错误。技师 A 也是正确的。
选项 C 正确。两人都是正确的。任何时候检查出换档困难问题，最好先确认使用了适合的润滑油。许多轿车要求使用自动变速器油，但有些车辆也要求使用多级机油。如果这些车辆使用了 GL-5 齿轮油，那么换档会更加困难，尤其在寒冷的天气。
选项 D 错误。两人都是正确的。

F.2

13. 选项 A 错误。技师 B 也是正确的。
选项 B 错误。技师 A 也是正确的。
选项 C 正确。两人都是正确的。多数手动换档的变速器需要按规定调整换档传动装置。实际的调整方法随制造商和其型号而变化，有些需要控制杆处于特定位置，而其他则需要使用特定尺寸的控制杆垫片。
选项 D 错误。两人都是正确的。

A.4

14. 选项 A 错误。技师 B 也是正确的。
选项 B 错误。技师 A 也是正确的。
选项 C 正确。两人都是正确的。对于多数前驱车辆，当驱动桥被拆除时，发动机必须使用支撑夹具进行支撑。多数支撑固定装置能够提升或降低发动机以方便安装变速驱动桥。
选项 D 错误。两人都是正确的。

A.7

15. 选项 A 错误。技师 B 也是正确的。
选项 B 错误。技师 A 也是正确的。

选项 C 正确。两人都是正确的。飞轮磨损过量可能导致离合器故障，如不分离、齿轮碰撞、粘合和颤抖。如果飞轮磨损超出极限，则可以通过重新扭转飞轮来调整磨损状况。松开所有飞轮螺栓，拧紧最高点的螺栓，然后拧紧最高点螺栓旁边的一个螺栓，第三个紧固的螺栓是最高点螺栓旁边的另一个螺栓。继续直到紧固最接近低点的螺栓。

选项 D 错误。两人都是正确的。

16. 选项 A 错误。随着锁环的磨损，距离会减小。

选项 B 正确。只有技师 B 是正确的。当检查同步器和锁环时，待啮合齿轮齿圈和锁环之间的距离使用测距仪测量。

B.9

选项 C 错误。只有技师 B 是正确的。

选项 D 错误。技师 B 是正确的。

17. 选项 A 错误。技师 B 也是正确的。

选项 B 错误。技师 A 也是正确的。

选项 C 正确。两人都是正确的。黏性联轴节式中央差速器允许前桥和后桥以不同的速度旋转。轮胎尺寸、品牌以及类型对于四驱系统的正常运行至关重要。低至 34.475kPa 的气压或相差 1/4in 或更大的轮胎直径都会影响差速器的正常工作。

F.11

选项 D 错误。两人都是正确的。

18. 选项 A 错误。技师 B 也是正确的。

选项 B 错误。技师 A 也是正确的。

选项 C 正确。两人都是正确的。当油液温度升高时，变速器排气口将过量的压力排出。如果排气口堵塞，则过量的压力可能会使油液从密封件流出。许多四驱车辆在比变速器高很多的位置设置排气口，以防止在高水位路段行驶时水进入变速器。

F.4

选项 D 错误。两人都是正确的。

19. 选项 A 错误。技师 B 也是正确的。

选项 B 错误。技师 A 也是正确的。

选项 C 正确。两人都是正确的。与速度有关的车辆振动通常是由于传动系统或轮胎失衡。多数在 96km/h 开始的振动是由于轮胎或传动轴的平衡问题所引起的。

D.4

选项 D 错误。两人都是正确的。

20. 选项 A 错误。轴承磨损量一般通过感觉和视觉来检验。

选项 B 正确。为了调整差速器侧面轴承预载，用百分表确定需要安装的垫片的尺寸。

C.17

选项 C 错误。这样定位百分表不能测量出半轴齿轮轴向间隙。

选项 D 错误。这样定位百分表不能测量出轴承座圈深度。

21. 选项 A 错误。技师 B 也是正确的。

选项 B 错误。技师 A 也是正确的。

选项 C 正确。两人都是正确的。有两种主要类型的四驱车辆分时四驱

F.1

和全时四驱。全时四驱也称为全轮驱动（AWD）。分时四驱的车辆只有用于越野的时候才会使用四驱。不同于全时四驱车辆，分时四驱车辆在前轴和后轴之间有中央差速器。

选项 D 错误。两人都是正确的。

A.8

22. 选项 A 错误。技师 B 也是正确的。

选项 B 错误。技师 A 也是正确的。

选项 C 正确。两人都是正确的。后主密封件泄漏或阀盖泄漏都可能导致离合器从动盘被油污染。

选项 D 错误。两人都是正确的。

B.2

23. 选项 A 正确。只有技师 A 是正确的。只能在带有外部变速杆装置的变速器上进行变速杆调整。如果变速杆调整不当，则通常在外力作用下变速器会跳出所选档位。

选项 B 错误。换档困难的故障通常是因为变速杆弯曲或使用不当的润滑剂，甚至与离合器联动、调整不当有关。

选项 C 错误。只有技师 A 是正确的。

选项 D 错误。技师 A 是正确的。

E.1.8

24. 选项 A 正确。只有技师 A 是正确的。图示的轮齿接触纹太深并且离齿根太近。如果轮齿的深度增加，那么主动锥齿轮的深度也需要增加。如果齿纹离齿根太近，那么需要将主动锥齿轮的齿数减少，这将增大齿隙。

选项 B 错误。需要增大齿隙以将主动锥齿轮的齿数减少。

选项 C 错误。只有技师 A 是正确的。

选项 D 错误。技师 A 是正确的。

C.5

25. 选项 A 错误。技师 B 也是正确的。

选项 B 错误。技师 A 也是正确的。

选项 C 正确。两人都是正确的。拆卸之前，必须测量输入轴和主轴的轴向间隙，在重新组装过程中需要这些数据。在齿轮间转动输入轴有助于在拆卸之前发现故障。

选项 D 错误。两人都是正确的。

A.9

26. 选项 A 错误。如果曲轴轴向间隙过大，则必须更换曲轴止推垫圈。

选项 B 正确。只有技师 B 是正确的。当更换离合器时，最好先测量飞轮跳动量。如果需要调整，则可能需要在飞轮和曲柄之间添加垫片以补偿飞轮的磨损量。

选项 C 错误。只有技师 B 是正确的。

选项 D 错误。技师 B 是正确的。

E.3.1

27. 选项 A 正确。只有技师 A 是正确的。通过千斤顶将一个车轮从地面上顶起，并转动被顶起的车轮，通过所测得的数值来检查防滑差速器的制动力矩。

选项 B 错误。弹簧秤通常用于测量主动锥齿轮轴承的预紧力，而不是防滑差速器。

选项 C 错误。只有技师 A 是正确的。

选项 D 错误。技师 A 是正确的。

28. 选项 A 错误。技师 B 也是正确的。 E.4.4

选项 B 错误。技师 A 也是正确的。

选项 C 正确。两人都是正确的。当测量车轴轴向间隙时，正常范围为 0.005 ~ 0.030in（0.13 ~ 0.7mm）。读数过大表明轴承故障或 C 形卡环太薄。

选项 D 错误。两人都是正确的。

29. 选项 A 错误。速度指数用于评估轮胎可以安全使用的速度。 F.12

选项 B 正确。只有技师 B 是正确的。当考虑全轮驱动时，轮胎品牌很重要，因为车辆所有轮胎的尺寸相同至关重要。不同品牌的轮胎尺寸也不尽相同，轮胎尺寸不同可能导致中央差速器使用过度。

选项 C 错误。只有技师 B 是正确的。

选项 D 错误。技师 B 是正确的。

30. 选项 A 错误。锁紧垫圈或螺栓不能重复使用。 B.3

选项 B 错误。厌氧密封剂在真空中固化。室温硫化密封剂（RTV）在空气中固化。

选项 C 错误。两人均不正确。

选项 D 正确。两人均不正确。锁紧垫圈不能重复使用。厌氧密封剂在真空中固化。

31. 选项 A 错误。技师 B 也是正确的。 B.4

选项 B 错误。技师 A 也是正确的。

选项 C 正确。两人都是正确的。拆卸和安装变速器时，使用导向销可以帮助支撑变速器的重量。

选项 D 错误。两人都是正确的。

32. 选项 A 错误。桥壳可以无损伤扩张的最大尺寸为 0.015in（0.381mm）。 E.2.2

选项 B 正确。只有技师 B 是正确的。如果吊具不可用，则可以使用撬棍和一块木材撬出差速器，以保护桥壳的密封表面。另一种方法是在从动锥齿轮螺栓上使用套筒扳手旋转主动锥齿轮。

选项 C 错误。只有技师 B 是正确的。

选项 D 错误。技师 B 是正确的。

33. 选项 A 错误。技师 B 也是正确的。 F.5

选项 B 错误。技师 A 也是正确的。

选项 C 正确。两人都是正确的。当重新组装变速器时，应使用百分表测量轴的轴向间隙。如果轴向间隙超出公差范围，则可以选择安装合适的卡环和垫片，以使轴向间隙在可接受的公差范围内。

选项 D 错误。两人都是正确的。

C.11

34. 选项 A 错误。技师 B 也是正确的。

选项 B 错误。技师 A 也是正确的。

选项 C 正确。两人都是正确的。VSS 负责将速度数据输入到动力总成控制模块或车身控制模块。使用扫描工具查看 VSS 是否实际发送信号。VSS 由驱动桥驱动。如果 VSS 没有发送信号，拆除 VSS，并且检查驱动桥中的车速里程表主动齿轮。

选项 D 错误。两人都是正确的。

B.4

35. 选项 A 错误。技师 B 也是正确的。

选项 B 错误。技师 A 也是正确的。

选项 C 正确。两人都是正确的。驱动轴在拆卸时必须进行标记，以确保在重新安装时能够正确定位。对于一些车型，发动机和变速器必须作为一个整体拆除。

选项 D 错误。两人都是正确的。

D.1

36. 选项 A 错误。高速行驶时转向盘振动表明前轮失去平衡。内部球笼式万向节磨损会使整车振动，而不仅仅是转向盘。

选项 B 正确。只有技师 B 是正确的。这是车辆前轮失衡的典型案例。

选项 C 错误。只有技师 B 是正确的。

选项 D 错误。技师 B 是正确的。

E.2.1

37. 选项 A 正确。只有技师 A 是正确的。在转弯时后桥噪声越来越大是差速器引起的。直行时，差速器不工作，除非两侧车辆轮胎不匹配。在转弯时差速器允许两个车轮以不同速度运转。

选项 B 错误。承载轴承磨损会使车辆在超过 32km/h 的速度行驶时产生低沉的声音。

选项 C 错误。只有技师 A 是正确的。

选项 D 错误。技师 A 是正确的。

C.14 & C.18

38. 选项 A 错误。技师 B 也是正确的。

选项 B 错误。技师 A 也是正确的。

选项 C 正确。两人都是正确的。驱动桥上的差速器是驱动桥的组成部分。要更换差速器，必须拆卸驱动桥。与变速器一样，驱动桥通过旋转齿轮使润滑油飞溅进行润滑，并使用沟槽和油道将油引到特定区域。

选项 D 错误。两人都是正确的。

F.6

39. 选项 A 错误。技师 B 也是正确的。

选项 B 错误。技师 A 也是正确的。

选项 C 正确。两人都是正确的。有些变速器采用 ATF 润滑，有些则采用齿轮油润滑，润滑油液面不得低于注油口底面。

选项 D 错误。两人都是正确的。

C.15

40. 选项 A 错误。驱动桥没有可调节的端部螺塞，要使用垫片调整轴承侧向预载。

选项 B 正确。只有技师 B 是正确的。使用垫片调整轴承侧向预载，预紧力确定后，则垫片尺寸是间隙大小加上额外的 0.003in（0.07mm）。
选项 C 错误。只有技师 B 是正确的。
选项 D 错误。技师 B 是正确的。

模拟考试 3——标准答案

1. C
2. A
3. C
4. C
5. B
6. D
7. A
8. C
9. A
10. C
11. A
12. D
13. C
14. B
15. B
16. C
17. C
18. B
19. C
20. B
21. C
22. B
23. C
24. C
25. B
26. C
27. B
28. B
29. A
30. C
31. C
32. C
33. C
34. C
35. D
36. A
37. A
38. D
39. A
40. C

模拟考试 3——答案解释

1. 选项 A 错误。技师 B 也是正确的。
选项 B 错误。技师 A 也是正确的。
选项 C 正确。两人都是正确的。用可拆卸垫片调整主动锥齿轮轴承预 E.1.6
载。对于一些差速器，可以使用与制造商预紧力相等的液压力来模拟轴承座圈的夹紧力。有两种方法可以测量预紧力。一种是用英制扭力扳手测量旋转阻力。另一种是如图所示，使用弹簧秤测量旋转阻力。
选项 D 错误。两人都是正确的。
2. 选项 A 正确。只有技师 A 是正确的。离合器壳孔磨损过大会引起颤动、变速器跳档、离合器不分离以及导向轴承 / 衬套过早磨损。 A.8

选项 B 错误。离合器壳孔径向跳动量可接受的最大值是 0.010in（0.254mm）。

选项 C 错误。只有技师 A 是正确的。

选项 D 错误。技师 A 是正确的。

C.9

3. 选项 A 错误。技师 B 也是正确的。

选项 B 错误。技师 A 也是正确的。

选项 C 正确。两人都是正确的。变速器中的倒档中间齿轮用于倒档。倒档中间齿轮安装在倒档中间轴上，并使用止推垫圈来控制轴向间隙。

选项 D 错误。两人都是正确的。

B.17

4. 选项 A 错误。技师 B 也是正确的。

选项 B 错误。技师 A 也是正确的。

选项 C 正确。两人都是正确的。变速器油液清洗、冷却和润滑变速器。一些制造商建议车辆行驶首个 5000mile（8000km）后更换润滑油。检查变速器油液时，车辆一定要处于水平路面。

选项 D 错误。两人都是正确的。

D.5

5. 选项 A 错误。驱动轴的跳动量应从每端和中心测量 3in（7.62mm）。两端最大允许跳动量为 0.020in（0.508mm），中心最大允许跳动量为 0.025in（0.635mm）。

选项 B 正确。只有技师 B 是正确的。应该测量驱动轴两端和中心的跳动量。

选项 C 错误。只有技师 B 是正确的。

选项 D 错误。技师 B 是正确的。

F.9

6. 选项 A 错误。车轮轴承的轴向游隙应调整为 0.001 ~ 0.005in（0.0254 ~ 0.127mm）。

选项 B 错误。车轮轴承应在溶剂中清洗、晾干，然后用干净、优质的油脂重新包装。

选项 C 错误。维修车轮轴承时必须重新油封。

选项 D 正确。旋转车轮轴承是绝对不可行的。压缩空气可用于干燥轴承，但不能让轴承在压缩空气中旋转；这样会严重损害轴承。

A.6

7. 选项 A 正确。技师正在安装导向轴承。

选项 B 错误。技师正在安装导向轴承。

选项 C 错误。技师正在安装导向轴承。应该在离合器壳体、变速器输入轴承座上安装分离轴承。

选项 D 错误。技师正在安装导向轴承。应该在离合器壳体、变速器输入轴承座上安装分离轴承。

C.6

8. 选项 A 错误。技师 B 也是正确的。

选项 B 错误。技师 A 也是正确的。

选项 C 正确。两人都是正确的。自锁装置和自锁弹簧将变速器控制在所选档位。如果自锁装置和自锁弹簧破坏或磨损，变速器将会跳档，尤其在崎岖的路面上行驶时。

选项 D 错误。两人都是正确的。

9. 选项 A 正确。只有技师 A 是正确的。驱动桥反复发生主动锥齿轮密封故障是由于轴座有磨损槽导致油液泄漏引起的。如果是这个故障，应该更换配合的轴座。

E.1.2

选项 B 错误。可拆卸垫片用于设置主动锥齿轮轴承的预紧力，每次拆卸主动锥齿轮轴座时都应该更换，但它不影响密封性能。

选项 C 错误。只有技师 A 是正确的。

选项 D 错误。技师 A 是正确的。

10. 选项 A 错误。第一档位于变速器的后部，离输入轴较远。动力从输入轴经过中间轴和啮合齿轮从输出轴传出。

B.12

选项 B 错误。第二档仅次于一档位于变速器的后部。动力从输入轴经过中间轴和啮合齿轮从输出轴传出。

选项 C 正确。第四档离输入轴最近。过大的轴向间隙使输入轴移动距离太大。在第四档中，输入轴直接与主轴花键连接。

选项 D 错误。倒档位于变速器的后部。动力从输入轴经过中间轴、倒档中间齿轮和倒档齿轮从输出轴传出。

11. 选项 A 正确。只有技师 A 是正确的。在转弯时轴承在外部传动轴接头内的移动产生“咔嗒”的噪声，而在直线行驶时不会产生。

D.2

选项 B 错误。在转弯时，车轮轴承通常会产生不断变化的剧烈噪声。

选项 C 错误。只有技师 A 是正确的。

选项 D 错误。技师 A 是正确的。

12. 选项 A 错误。随着时间的推移，分动器链条会松懈，经常检查链条是否磨损、松懈，并及时更换。

F.2

选项 B 错误。测量选择合适的止推垫圈，用于在安装分动器时调整其轴向游隙到合适的规格。所谓选择合适是指垫圈厚度各不相同。

选项 C 错误。在拆卸过程中，应彻底检查分动器部件，以确保在重组时更换有任何磨损或问题的部件。

选项 D 正确。装配前分动器的所有部件应在清洗后进行润滑。任何时候，轴承都要经过清洁和检查，最好将其润滑并用油纸或蜡纸包裹，以防止使用前生锈。

13. 选项 A 错误。技师 B 也是正确的。

选项 B 错误。技师 A 也是正确的。

A.1

选项 C 正确。两人都是正确的。典型的离合器从动盘有两种不同类型的弹簧。位于两个离合器从动盘之间的波形弹簧使接合平滑。弹簧产生故障将会使离合器接合生硬。减振弹簧或扭力弹簧吸收离合器接合时的发动机扭转振动。

选项 D 错误。两人都是正确的。

B.17

14. 选项 A 错误。输入轴上的任何磨损都可能导致离合器从动盘挂起，使离合器释放不良。

选项 B 正确。只有技师 B 是正确的。输入轴的前导区域由先导轴承支撑，应经常检查是否过度磨损。

选项 C 错误。只有技师 B 是正确的。

选项 D 错误。技师 B 是正确的。

C.15

15. 选项 A 错误。正在测量半轴齿轮与行星轮的齿隙。如果此测量值过大，则必须更换齿轮，而不是止推垫圈。

选项 B 正确。只有技师 B 是正确的。测量齿隙以确定两个齿轮之间的磨损。 如果发现此测量值过大，则需要更换齿轮。

选项 C 错误。只有技师 B 是正确的。

选项 D 错误。技师 B 是正确的。

D.1

16. 选项 A 错误。技师 B 也是正确的。随着车速的提高，响声会越来越大。

选项 B 错误。技师 A 也是正确的。万向节不按固定的规律转动，导致传动系统不平衡。

选项 C 正确。两人都是正确的。

选项 D 错误。两人都是正确的。

E.2.4

17. 选项 A 错误。技师 B 也是正确的。

选项 B 错误。技师 A 也是正确的。

选项 C 正确。两人都是正确的。拆掉从动锥齿轮后测量差速器壳跳动量。将壳体放回后端，并安装侧面轴承盖并按规定力矩拧紧。最大允许跳动量为 0.028 in（0.07 mm）。

选项 D 错误。两人都是正确的。

F.11

18. 选项 A 错误。仅仅检查电压可能导致误判，仅因为一个组件有电压并不意味着有足够的电流来驱动它。12V 电压将通过一根单铜线。

选项 B 正确。只有技师 B 是正确的。进行压降测试是检查电路中隐藏电阻的最佳方法。应该将电源正极接到电动机上，并允许通过 12V 电压。允许通过插接器或开关的小电压通常仅限于 0.1 ~ 0.2V。电路必须通电进行电压降测试。

选项 C 错误。只有技师 B 是正确的。

选项 D 错误。技师 B 是正确的。

A.8

19. 选项 A 错误。技师 B 也是正确的。

选项 B 错误。技师 A 也是正确的。

选项 C 正确。两人都是正确的。如果离合器壳的跳动量读数超过 OEM 规格，则可以用垫片校正或更换离合器壳。在离合器壳和发动机缸体离得最近的地方安装垫片。如果垫片不可用，可以从衬垫中去除。

选项 D 错误。两人都是正确的。

20. 选项 A 错误。对于噪声或振动的故障，车辆应进行试驾。在车辆直行、左转、右转时分别加速，如果噪声在左转或右转时较大，那故障可能是由于外侧球笼式万向节磨损造成的。

D.2

选项 B 正确。只有技师 B 是正确的。振动或抖动表明有黏着的内侧球笼式万向节。如果有沉闷噪声，则表示内侧球笼式万向节有磨损。

选项 C 错误。只有技师 B 是正确的。

选项 D 错误。技师 B 是正确的。

21. 选项 A 错误。技师 B 也是正确的。

选项 B 错误。技师 A 也是正确的。

选项 C 正确。两人都是正确的。黏性联轴器使前轮和后轮以不同的速度旋转。如果黏性联轴器故障，则必须更换整个模块。中央差速齿轮将动力传递给后轮，如果差速器齿轮失效，那么后轮将没有动力。

F.11

选项 D 错误。两人都是正确的。

22. 选项 A 错误。在空档时输出轴不旋转，故不可能是输出轴轴承发出的噪声。

选项 B 正确。只有技师 B 是正确的。只要发动机旋转，离合器接合，输入轴就会旋转。

B7

选项 C 错误。只有技师 B 是正确的。

选项 D 错误。技师 B 是正确的。

23. 选项 A 错误。技师 B 也是正确的。

选项 B 错误。技师 A 也是正确的。

选项 C 正确。两人都是正确的。如果拆卸了支架，则必须重新对准，否则将影响传动系角度和前悬架角度。

C.4

选项 D 错误。两人都是正确的。

24. 选项 A 错误。变速器应置于空档检测跳动量，以便技师旋转驱动轴。

选项 B 错误。通常使用磁力座百分表。有时可能使用夹钳百分表，但大多数情况下使用磁力座百分表。

D.5

选项 C 正确。在平面上旋转驱动轴不是检查驱动轴的可行性办法。

选项 D 错误。驱动轴上百分表指针扫过的区域，必须用钢丝刷清洁。

25. 选项 A 错误。多数制造商指出，润滑油的合适高度是与填充孔底部对齐。

选项 B 正确。只有技师 B 是正确的。一些制造商要求在润滑剂中添加特殊物质。该添加剂是一种摩擦改良剂，允许防滑差速器纤维盘在转弯过程中滑动。

E.3.2

选项 C 错误。只有技师 B 是正确的。

选项 D 错误。技师 B 是正确的。

26. 选项 A 错误。冷却液液位低，使轴承过热从而发出噪声。

选项 B 错误。如果分动器驱动链条未对准，会产生噪声。

选项 C 正确。万向节磨损会产生噪声，但不在分动器里面。

F.1

选项 D 错误。输出轴轴承损坏，只要分动器转动，就会产生噪声。

C.1

27. 选项 A 错误。如果轴承开始剥落，那么油中会有钢片而不是黄铜片。
选项 B 正确。只有技师 B 是正确的。多数驱动桥中的锁环由黄铜制成。当锁环磨损时，驱动桥润滑油中可能会出现黄铜颗粒和碎片。
选项 C 错误。只有技师 B 是正确的。
选项 D 错误。技师 B 是正确的。

A.1

28. 选项 A 错误。如果分离轴承磨损并发出噪声，则一旦踏板过了自由行程就会产生异响。如果仅当离合器踏板踩到底时才听到离合器噪声，则可能是导向轴承故障。
选项 B 正确。只有技师 B 是正确的。只要离合器接合，发动机运转，输入轴轴承就会旋转。
选项 C 错误。只有技师 B 是正确的。
选项 D 错误。技师 B 是正确的。

E.4.1

29. 选项 A 正确。只有技师 A 是正确的。损坏的轴承会在急转弯时使噪声越来越大。因为轴承的承载越来越大。
选项 B 错误。差速器侧面轴承损坏会产生低沉的噪声，且不会在转弯时改变。
选项 C 错误。只有技师 A 是正确的。
选项 D 错误。技师 A 是正确的。

A.3

30. 选项 A 错误。技师 B 也是正确的。
选项 B 错误。技师 A 也是正确的。
选项 C 正确。两人都是正确的。离合器液压系统排放油液有两种方法：一种方法是将油液放入储油室，并打开工作缸上的放气螺钉，使其依靠重力泄漏。另一种方法是通过放气螺钉对系统进行压力排放。
选项 D 错误。两人都是正确的。

E.1.2

31. 选项 A 错误。技师 B 也是正确的。
选项 B 错误。技师 A 也是正确的。
选项 C 正确。两人都是正确的。在车速高于 48km/h 时，传动系统的振动噪声越来越大。如果车速高于 48km/h 时感觉到振动，则要检查传动系统以及配对法兰盘的跳动量。如果跳动量过大，则断开法兰并各自旋转 180°，然后再次检查其跳动量。
选项 D 错误。两人都是正确的。

B.16

32. 选项 A 错误。技师 B 也是正确的。
选项 B 错误。技师 A 也是正确的。
选项 C 正确。两人都是正确的。变速器齿轮在油槽中运转，将润滑油飞溅入壳体中，然后油槽将油导入到关键区域。润滑液对变速器起冷却、润滑以及清洁的作用。
选项 D 错误。两人都是正确的。

B.3

33. 选项 A 错误。必须拆下驱动轴才能接触到变速器后部油封。

选项 B 错误。所有密封件的边缘应在安装时用变速器中任意类型的油润滑。

选项 C 正确。应使用密封件拆装器安装新的密封件，以防止损坏密封件外壳。

选项 D 错误。更换油封的最后一步是重新安装驱动轴，并将万向节螺栓按规格拧紧。

34. 选项 A 错误。减速齿轮用于低档范围的四驱分动器。

F.11

选项 B 错误。液力变矩器用于自动变速器。

选项 C 正确。全驱车辆能够使用轴间差速器、黏性联轴器或分动器。

选项 D 错误。驱动链条用于分动器，将前桥与传动系统的其余部分进行连接。

35. 选项 A 错误。轴承在转弯时噪声会变大。

E.2.1

选项 B 错误。后驱车辆在前部没有等速万向节。

选项 C 错误。两人均不正确。

选项 D 正确。两人均不正确。只有当转弯或走曲线时听到噪声可以将故障点缩小到差速器，可能是行星轮、半轴齿轮或两者都有故障。

36. 选项 A 正确。在确认传感器有故障之前，不应更换传感器。

B.15

选项 B 错误。检查速度传感器系统故障时，必须检查线束。

选项 C 错误。诊断程序最好先查看维修手册。对于大多数故障码，维修手册中会提供诊断流程图以帮助诊断。

选项 D 错误。很多故障码将追溯到插接器。必须仔细彻底地检查传感器插接器。

37. 选项 A 正确。只有技师 A 是正确的。流经一档和倒档的动力都通过了中间轴齿轮。

C.1

选项 B 错误。只有当挂入倒档时动力才通过倒档中间齿轮。如果噪声出现在一档和倒档，则不可能是倒档中间齿轮引起的。

选项 C 错误。只有技师 A 是正确的。

选项 D 错误。技师 A 是正确的。

38. 选项 A 错误。如果电动换档电动机故障，则可能会影响分动器接合。

F.11

选项 B 错误。熔丝保护电路免受电流过载。熔丝熔断将影响分动器接合。如果发现熔断的熔丝，则应检查整个电路以确定原因。

选项 C 错误。四驱开关是将分动器接合的要求输入控制单元。如果开关发生故障，则分动器无法接合。

选项 D 正确。电子分动器不会使用机械链锁。

39. 选项 A 正确。使用直尺和塞尺，技师可以检查变速驱动桥中的任何翘曲点。表面翘曲量为 0.002in（0.5mm）或更小是可以接受的。

C.3

选项 B 错误。百分表用于测量轴向间隙、跳动量，有时也用于计算垫片的厚度。

选项 C 错误。千分尺用来测量零件的厚度。

选项 D 错误。平面是技师要测量的对象。

F.9

40. 选项 A 错误。技师 B 也是正确的。

选项 B 错误。技师 A 也是正确的。

选项 C 正确。两人都是正确的。任何时候更换车轮轴承，也应更换轴承座。如果新的轴承使用旧的轴承座可能会导致新的轴承过早损坏。如果车轮轴承是组合轴承，那么它就是密封的，只能作为整体进行维修。

选项 D 错误。两人都是正确的。

模拟考试 4——标准答案

1. B
2. A
3. A
4. A
5. D
6. A
7. B
8. C
9. B
10. D
11. B
12. C
13. C
14. C
15. C
16. C
17. D
18. B
19. A
20. C
21. A
22. C
23. A
24. D
25. B
26. A
27. C
28. B
29. D
30. D
31. B
32. C
33. A
34. D
35. B
36. D
37. C
38. C
39. A
40. C

模拟考试 4——答案解释

A.1

1. 选项 A 错误。测试离合器时，变速器应处于高速档，然后放松离合器踏板，如果汽车熄火，则离合器不打滑。

选项 B 正确。只有技师 B 对，当离合器片磨损时，压盘与飞轮之间的距离变小，自由行程减小。

选项 C 错误。只有技师 B 是正确的。

选项 D 错误。技师 B 是正确的。

2. 选项 A 正确。只有技师 A 对，壳体衬套磨损会使得传动轴座具有过大的跳动，这将损坏外壳的密封性而导致泄漏。

   选项 B 错误。中间轴不与延伸壳体衬套或密封件直接接触，并且不会对组件产生影响。 B.3

   选项 C 错误。只有技师 A 是正确的。

   选项 D 错误。技师 A 是正确的。

3. 选项 A 正确。只有技师 A 对，如果排气口被堵塞，那么变速器不能释放由于润滑油温度升高而产生的多余的压力，额外的压力会施加在传动轴密封上而导致漏油。 C.3

   选项 B 错误。外等速万向节与传动轴密封没有接触。只有内球笼与其接触。

   选项 C 错误。只有技师 A 是正确的。

   选项 D 错误。技师 A 是正确的。

4. 选项 A 正确。只有技师 A 对，软管夹是用于平衡传动轴的。

   选项 B 错误。粉笔标记用于标记驱动轴平衡时的参考点，不用于标记跳动位置。 D.4

   选项 C 错误。只有技师 A 是正确的。

   选项 D 错误。技师 A 是正确的。

5. 选项 A 错误。交替的钢纤维组成的纤维板被花键连接到半轴齿轮。

   选项 B 错误。带有离合器片的防滑差速器需要一种特殊的润滑剂添加剂。 E.3.3

   选项 C 错误。预紧弹簧保持离合器组件上所需的压力，以便防滑。

   选项 D 正确。防滑差速器的分离力矩用英尺磅扭力扳手检查，而不是英寸磅扭力扳手。

6. 选项 A 正确。 等速万向节需要特殊润滑脂，应使用符合要求的润滑脂。

   选项 B 错误。转弯时前传动轴上的咔嗒声通常是外等速万向节损坏的结果。 F.7

   选项 C 错误。内等速万向节可以用卡簧或卡环固定，一些内等速万向节直接连接到法兰上。

   选项 D 错误。防尘套用一个特殊的绑带固定。需要特殊的工具将防尘套夹紧到一定程度以防止滑动。

7. 选项 A 错误。离合器定位工具用于对准导向轴承与离合器花键毂的开口，便于安装变速器。

   选项 B 正确。在重新组装时，使压盘与飞轮对准的工具是导向螺栓。 A.5

   选项 C 错误。在重新组装时，离合器定位工具将离合器从动盘与导向轴承保持固定。

   选项 D 错误。许多技术人员把旧的变速器输入轴当作离合器定位工具。

B.15

8. 选项 A 错误。技师 B 也是正确的。

选项 B 错误。技师 A 也是正确的。

选项 C 正确。两名技师都是正确的。倒车灯开关是常开开关，当车辆倒档时闭合。倒车灯电源是处于运行状态的点火装置提供的，电流先流到倒车灯开关，然后流到倒车灯。

选项 D 错误。两名技师都是正确的。

C.12

9. 选项 A 错误。VSS 可以是霍尔效应传感器或磁脉冲发生器。两种类型都不能用电流表进行测试。可以检查磁脉冲发生器的电阻；其交流电压也可用电压表或示波器进行测量。霍尔效应传感器不能检查其电阻，因为它会产生脉动直流信号。使用示波器是首选方法。

选项 B 正确。只有技师 B 是正确的。诊断 VSS 的最有效方法之一是使用示波器并驾驶车辆，或者使车辆在驱动台架运行上。

选项 C 错误。只有技师 B 是正确的。

选项 D 错误。技师 B 是正确的。

D.5

10. 选项 A 错误。应在距离末端 3in（7.62mm）位置测量传动轴中心的跳动。

选项 B 错误。技术人员使用液压机和直尺不能矫直传动轴。

选项 C 错误。两个技师都不正确。

选项 D 正确。两个技师都不正确。在测量传动轴跳动时，传动轴中心应用钢丝刷清洁，并在距离末端 3in（7.62mm）处测量。然后将百分表放置在清洁干净的测量区域，并在每个测量区域旋转一整圈。如果发现传动轴跳动超出限制，则必须更换传动轴。

E.1.1

11. 选项 A 错误。一个未紧固的小齿轮螺母会导致汽车加速和减速时发出沉闷噪声，而不是过紧的螺母。

选项 B 正确。只有技师 B 是正确的。过紧的小齿轮螺母会导致轴承过度预载，这将导致轴承发出隆隆的声响。

选项 C 错误。只有技师 B 是正确的。

选项 D 错误。技师 B 是正确的。

F.11

12. 选项 A 错误。黏性联轴器是一种充满黏性流体的密封式离合器，当流体被加热，可传递动力，但并不受控制单元控制。

选项 B 错误。控制单元不会减小节气门开度。一些牵引力控制系统在检测到滑转时可以降低发动机的功率，但不会减小节气门开度。

选项 C 正确。在转矩管理分配的情况下，控制单元将增加离合器线圈占空比，这将增加离合器组件的保持力，以控制前驱动轴的转速。

选项 D 错误。减小后轮的转矩将使前驱动轴转速加快。

A.7

13. 选项 A 错误。技师 B 也是正确的。

选项 B 错误。技师 A 也是正确的。

选项 C 正确。两名技师都是正确的。每次加工飞轮时，清除一定的材料。这使得离合器从动盘和压盘更靠近发动机。如果清除过多的材料，则飞轮安装螺栓会接触到离合器从动盘。当多次加工飞轮时，离合器从动盘和压盘会离发动机越来越近，离合器工作缸所需的行程就会增加。液压系统可以在小范围内进行补偿，但是如果过多的材料被去除，则无法补偿，会阻碍离合器正常分离。

选项 D 错误。两名技师都是正确的。

14. 选项 A 错误。传动机构在变速器位于空档时进行换档，通常使用锁或销来将变速杆保持在正确的位置。

选项 B 错误。传动机构在变速器位于空档时进行换档，通常使用锁或销来将变速杆保持在正确的位置。 B.2

选项 C 正确。传动机构在变速器位于空档进行换档，通常使用锁或销来将变速杆保持在正确的位置。

选项 D 错误。传动机构在变速器位于空档进行换档，通常使用锁或销来将变速杆保持在正确的位置。

15. 选项 A 错误。技师 B 也是正确的。

选项 B 错误。技师 A 也是正确的。

选项 C 正确。两名技师都是正确的。在带有变速器的车辆上，车速里程表可以由机械或电气进行控制。在电控车速里程表上，速度输入数值来自车速传感器。该传感器可以是霍尔效应传感器或磁脉冲发生传感器。任何一种类型都需要旋转的触发轮来产生信号。如果车速里程表不工作，则首先检查传感器本身的信号。 C.12

选项 D 错误。两名技师都是正确的。

16. 选项 A 错误。技师 B 也是正确的。

选项 B 错误。技师 A 也是正确的。

选项 C 正确。两名技师都是正确的。当修复传动轴时，最后一个步骤的一项内容就是平衡轴。将平衡重焊接到传动轴上以平衡轴。道路颠簸有时可能会使平衡重掉落，造成不平衡。不平衡的传动轴将导致随车速而增加的振动。若轮胎或车轮不平衡将产生相同的效果。 D.4

答案 D 不正确。两名技师都是正确的。

17. 选项 A 错误。过大的主动锥齿轮轴承预紧力会导致主动锥齿轮轴承产生咆哮声并失效。

选项 B 错误。半轴齿轮末端损坏会导致转弯时产生噪声，但不会造成过大的从动锥齿轮跳动。 E.1.3

选项 C 错误。过大的侧面轴承预紧力会导致侧面轴承在车速为 16km/h 以上行驶时产生低音咆哮声。

选项 D 正确。由于从动锥齿轮螺栓固定在差速器壳体上，在差速器壳跳动过大的情况下会造成从动锥齿轮的跳动。

18. 选项 A 错误。变速器油流动不畅可能导致变速器齿轮和轴承过热，导致噪声过大。 F.1

选项 B 正确。四轮驱动车辆上使用的万向节接头在外部，不在变速器内。

选项 C 错误。如果驱动链条不对准，则在四轮驱动时可能会导致噪声。

选项 D 错误。损坏的输出轴轴承会在车辆行驶时产生噪声。

A.4

19. 选项 A 正确。只有技师 A 是正确的。离合器踏板自由行程调节确保了分离轴承和压盘之间有足够的间隙。当离合器从动盘磨损时，该距离减小。

选项 B 错误。当离合器踏板分离或离合器踏板接合时，磨损的分离轴承都会产生很大的噪声。

选项 C 错误。只有技师 A 是正确的。

选项 D 错误。技师 A 是正确的。

B.12

20. 选项 A 错误。轴承通过感觉和目视检查进行测试。

选项 B 错误。轴承可承受的压力由轴承的尺寸和类型决定。

选项 C 正确。当轴承已经预紧后，在变速器组装时，使用垫片将特定的压力施加到轴承。

选项 D 错误。轴承预紧力可使用选择性垫片进行调节。

C.6

21. 选项 A 正确。只有技师 A 是正确的。制动弹簧和制动器的目的是将变速器保持在选定档位。一个弹力减弱或损坏的 3-4 档制动弹簧将会使变速器有时跳出档位。

选项 B 错误。变速齿轮上的啮合齿过度磨损可能使变速器跳档，但只会磨损齿轮。在这种情况下，它可能会从第四档跳出，而不是第三档。

选项 C 错误。只有技师 A 是正确的。

选项 D 错误。技师 A 是正确的。

D.7

22. 选项 A 错误。技师 B 也是正确的。

选项 B 错误。技师 A 也是正确的。

选项 C 正确。两名技师都是正确的。具有锥形前轮轴承的车辆需要一定的轴承间隙，以防止轴承过热。但过大的间隙值也会有不好的影响。大多数制造商指定 0.001 ~ 0.005in（0.025 ~ 0.127mm）为间隙值的范围。

选项 D 错误。两名技师都是正确的。

E.4.3

23. 选项 A 正确。当车轴从差速器上拆下时，应将其置于直立位置。

选项 B 错误。如果检查轴凸缘跳动，应在拆卸车轴前进行检查。

选项 C 错误。车轴不应该留在车辆下面。

选项 D 错误。车轴不应水平放置在地板上。

F.1

24. 选项 A 错误。车速必须低于 4.8km/h 时，才能换档到 4 档。

选项 B 错误。变速器必须处于空档状态，才能换档到 4 档。

选项 C 错误。技师都不正确。

选项 D 正确。两名技师都不正确。当车速低于 48km/h 且位于空档时，无论是电子式还是机械式变速器，只能在低档范围内换档。车辆行驶时，换到低于该速度的低档可能会损坏变速器。

25. 选项 A 错误。齿圈用于起动机接合以使发动机旋转得以起动。
选项 B 正确。只有技师 B 是正确的。当更换离合器时，应检查齿圈。磨损的齿圈可能会在起动时引起磨削或噪声。 F.7
选项 C 错误。只有技师 B 是正确的。
选项 D 错误。技师 B 是正确的。

26. 选项 A 正确。只有技师 A 是正确的。中间轴位于变速器内部。需要拆卸变速器才能更换中间轴。
选项 B 错误。在更换变速器延展外壳时，应始终使用新的垫圈。 B.13
选项 C 错误。车速里程表主动齿轮位于输出轴上。更换变速器延展外壳时，将拆除车速里程表驱动将，因此需要新的 O 形环。
选项 D 错误。更换变速器延展外壳时，始终需要新的密封。

27. 选项 A 错误。技师 B 也是正确的。
选项 B 错误。技师 A 也是正确的。
选项 C 正确。两名技师都是正确的。任何时候中间轴或中间轴齿轮磨损，输入轴上的配合齿轮都应更换。此时还应检查壳体和所有相关的轴承。 C.7
选项 D 错误。两名技师都是正确的。

28. 选项 A 错误。只有当车辆运动时，中心支撑轴承才会旋转，中心支撑轴承不会在车辆静止时产生噪声。
选项 B 正确。只有技师 B 是正确的。一些中心支撑轴承是密封的，不能润滑，而另外一些轴承具有润滑油加注口，可以润滑。 D.3
选项 C 错误。只有技师 B 是正确的。
选项 D 错误。技师 B 是正确的。

29. 选项 A 错误。百分表用于测量轴向间隙，间隙和跳动，而不是预紧力。
选项 B 错误。塞尺用于测量距离，如轴向间隙和间隙，而不是预紧力。 E.1.6
选项 C 错误。技师们都不正确。
选项 D 正确。技师们都不正确。为了测量主动锥齿轮轴承的预紧力，应使用英制表盘式扭力扳手来测量力矩。

30. 选项 A 错误。轮胎的纵横比是轮胎的高度与宽度之比。该比例是重要的，因为轮胎的纵横比不同，则轮胎的高度不同。
选项 B 错误。公称宽度是重要的，因为四轮驱动车辆上不同宽度的轮胎具有不同的纵横比，这影响轮胎直径。 F.12
选项 C 错误。出于安全考虑，额定负载是轮胎检查的一部分。
选项 D 正确。只要轮胎的速度、负载和尺寸都正确，轮胎品牌在轮胎检查中就不是问题。

A.4

31. 选项 A 错误。大多数分离轴承没有添加润滑油的油嘴。

选项 B 正确。只有技师 B 是正确的。一旦发出噪声，就需要更换发出噪声的分离轴承。大多数分离轴承是不需要润滑的。

选项 C 错误。只有技师 B 是正确的。

选项 D 错误。技师 B 是正确的。

B.5

32. 选项 A 错误。技师 B 也是正确的。

选项 B 错误。技师 A 也是正确的。

选项 C 正确。两名技师都是正确的。在变速器重装期间，所有组件都应在变速器拆卸时进行彻底检查。同时密切注意螺栓长度以及某些组件可能具有的索引标记。

选项 D 错误。两名技师都是正确的。

C.6

33. 选项 A 正确。只有技师 A 是正确的。发现拨叉导轨弯曲时必须更换，拨叉导轨必须契合，无法修复。

选项 B 错误。除了更换外，还没有拨叉导轨的修理程序。

选项 C 错误。只有技师 A 是正确的。

选项 D 错误。技师 A 是正确的。

E.2.2

34. 选项 A 错误。必须拆下车轴才能拆下差速器。

选项 B 错误。在拆卸之前，应始终对轴承盖与外壳进行装配标记，以确保更换之后其仍在原始位置。

选项 C 错误。拆卸差速器时，应标记并分类所有种类和垫片，以确保正确重新安装。

选项 D 正确。一些差速器作为一个完整的装置被拆装，而另一些差速器则是作为变速器的组成部分被拆装。

F.10

35. 选项 A 错误。润滑剂通过油液加注口添加。

选项 B 正确。远程排气口应位于升高的水平位置，以防止车辆在涉水时水进入变速器。

选项 C 错误。在涉水时，远程排气口可泄放允许过大的压力，而不会让水进入。

选项 D 错误。远程排气口会减小变速驱动桥中的压力，而不会增加。

C.14

36. 选项 A 错误。只要差速器从变速驱动桥上拆下，半轴就必须拆下。

选项 B 错误。必须拆下变速驱动桥以卸下差速器。

选项 C 错误。下部控制臂从下部支柱拆卸或断开，以便拆下变速驱动桥。

选项 D 正确。当从变速驱动桥上拆下差速器时，离合器组件不需要拆卸。

E.2.3

37. 选项 A 错误。技师 B 也是正确的。

选项 B 错误。技师 A 也是正确的。

选项 C 正确。两名技师都是正确的。更换差速器时，应检查所有轴承的工作情况。如果发现轴承没有任何缺陷，则可以在新的差速器上重新使用。如果轴承出现任何可疑的磨损痕迹，则应更换，包括新外壳。

选项 D 错误。两名技师都是正确的。

38. 选项 A 错误。磨损的万向节会导致振动，当改变节气门开度时会更加明显。

F.7

选项 B 错误。传动轴万向节工作角度过大会导致振动，当改变节气门开度时可能会更加明显。

选项 C 正确。过紧的传动轴滑接花键不会对传动系统振动产生影响。但是卡住的滑动接头可能会引起振动问题。

选项 D 错误。磨损的前驱动轴万向节会在改变节气门开度时产生更明显的振动。

39. 选项 A 正确。只有技师 A 是正确的。倒档中间齿轮应用单独的滚针或滚针轴承保持架，检查所有中心孔，应有一个光滑的无损伤的表面。

B.11

选项 B 错误。倒档中间齿轮没有通过花键连接任何部件，滚针轴承在倒档中间齿轮轴上可以自由旋转。

选项 C 错误。只有技师 A 是正确的。

选项 D 错误。技师 A 是正确的。

40. 选项 A 错误。技师 B 也是正确的。

F.2

选项 B 错误。技师 A 也是正确的。

选项 C 正确。两名技师都是正确的。大多数变速器，在汽车处于四轮驱动模式时，低速档才能接合。一些变速器通过行星齿轮组将动力进行传输，实现低速变速。

选项 D 错误。两名技师都是正确的。

模拟考试 5——标准答案

1. B
2. C
3. C
4. A
5. A
6. C
7. C
8. B
9. C
10. C
11. C
12. B
13. A
14. B
15. A
16. D
17. D
18. A
19. C
20. A
21. A
22. B
23. C
24. A
25. C
26. D

27. B
28. D
29. C
30. C
31. A
32. B
33. C
34. C
35. C
36. D
37. D
38. D
39. C
40. B

模拟考试5——答案解释

A.9

1. 选项A错误。百分表未设置用于测量曲轴跳动，但是，如图所示，可以用百分表检查飞轮跳动。
   选项B正确。在图中百分表测量曲轴轴向间隙。
   选项C错误。百分表未设置用于测量曲轴翘曲。但是，如图所示，可以用百分表检查飞轮跳动。
   选项D错误。曲轴未设置有预紧力，其有一个特定的轴向间隙。

B.1

2. 选项A错误。技师B也是正确的。
   选项B错误。技师A也是正确的。
   选项C正确。两名技师都是正确的。制动弹簧弹力减弱可能导致变速器跳档，特别是在崎岖的路面上。同步器用于匹配齿轮的速度与主轴的速度以进行齿轮啮合。同步器还有助于将变速器固定在当前档位。变速齿轮与同步器之间过大的轴向间隙可能会使变速器跳档。
   选项D错误。两名技师都是正确的。

C.12

3. 选项A错误。技师B也是正确的。
   选项B错误。技师A也是正确的。
   选项C正确。两名技师都是正确的。车速里程表主动齿轮通常由塑料或尼龙材料制成，具有各种齿形。更换车速里程表电缆时，主动齿轮除非损坏不会被更换。如果使用损坏的主动齿轮，那么车速里程表读数会比实际过快或过慢。
   选项D错误。两名技师都是正确的。

D.2

4. 选项A正确。只有技师A是正确的。安装新的万向节后，应用润滑脂润滑，直到看到所有四个轴承盖有润滑脂溢出。
   选项B错误。分段式传动轴万向节叉的正确校准非常重要，润滑脂对传动轴位置没有影响。
   选项C错误。只有技师A是正确的。
   选项D错误。技师A是正确的。

E.1.5

5. 选项A正确。只有技师A是正确的。当主动锥齿轮螺母取出时，应始终使用新的可压缩垫片，也应更换新的主动锥齿轮螺母。
   选项B错误。主动锥齿轮深度通常使用内主动锥齿轮轴承下方的垫片来调节。
选项 C 错误。只有技师 A 是正确的。
选项 D 错误。技师 A 是正确的。

6. 选项 A 错误。技师 B 也是正确的。
选项 B 错误。技师 A 也是正确的。
选项 C 正确。两名技师都是正确的。使用负载能力太小的轮胎，以及运行的轮胎欠充气或过充气，可能会使轮胎过早磨损。
选项 D 错误。两名技师都是正确的。

F.12

7. 选项 A 错误。技师 B 也是正确的。
选项 B 错误。技师 A 也是正确的。
选项 C 正确。两名技师都是正确的。在离合器踏板未接合时，离合器安全开关会防止起动机起动。离合器开关故障或失调可能导致起动机起动问题。
选项 D 错误。两名技师都是正确的。

A.2

8. 选项 A 错误。维修手册是检索故障码后需要查询的。
选项 B 正确。诊断故障码仅意味着电路中存在问题。在完整检查电路之前，不应更换新的速度传感器。
选项 C 错误。许多故障码是线束连接不良或断线的结果。
选项 D 错误。线束可能与其他部件摩擦而磨损。

B.15

9. 选项 A 错误。技师 B 也是正确的。
选项 B 错误。技师 A 也是正确的。
选项 C 正确。密封泄漏可能由于密封不良，或者由于万向节叉表面损坏甚至排气口堵塞而导致过大的压力造成泄漏。
选项 D 错误。两名技师都是正确的。

C.10

10. 选项 A 错误。技师 B 也是正确的。
选项 B 错误。技师 A 也是正确的。
选项 C 正确。两名技师都是正确的。万向节工作角度应至少为 1/2°，不超过 3°，除非制造商另有规定，并且应在 1° 内相互抵消。
选项 D 错误。两名技师都是正确的。

D.6

11. 选项 A 错误。技师 B 也是正确的。
选项 B 错误。技师 A 也是正确的。
选项 C 正确。两名技师都是正确的。在某些差速器上，侧面轴承预紧力由侧面轴承座后面的垫片厚度确定，一些差速器使用螺纹调节器来设置侧面轴承预紧力。
选项 D 错误。两名技师都是正确的。

E.2.3

12. 选项 A 错误。变速器壳和变速器不需要作为一个整体组件进行拆卸。
选项 B 正确。只有技师 B 是正确的。所有的万向节叉和法兰盘都应标记以使正确组装。
选项 C 错误。只有技师 B 是正确的。

F.3

选项 D 错误。技师 B 是正确的。

A.5

13. 选项 A 正确。只有技师 A 是正确的，压盘应更换新的。

选项 B 错误。与飞轮不同，压盘不能重新加工，应该被替换。

选项 C 错误。只有技师 A 是正确的。

选项 D 错误。技师 A 是正确的。

B.8

14. 选项 A 错误。变速器速度齿轮未设置预紧力，预紧力不用百分表测量。

选项 B 正确。只有技师 B 是正确的。如果速度齿轮上的推力过大，则可以安装一个选择性的止推垫圈或选择性的卡环，以使测量值在公差范围内。

选项 C 错误。只有技师 B 是正确的。

选项 D 错误。技师 B 是正确的。

C.1

15. 选项 A 正确。只有技师 A 是正确的。损伤的中间轴齿轮可能会在一档和倒档齿轮中引起当啷的噪声。

选项 B 错误。倒档中间齿轮与第一档齿轮不接触，因此，它不会在第一档时产生任何噪声。

选项 C 错误。只有技师 A 是正确的。

选项 D 错误。技师 A 是正确的。

D.1

16. 选项 A 错误。坏的内等速万向节会在加速时产生振动或颤抖。

选项 B 错误。坏的前轴会一直产生噪声，而不仅仅是在转弯时。

选项 C 错误。车轮向左转或向右转时，坏的车轮轴承会导致更响亮的咆哮声。

选项 D 正确。坏的外等速万向节会在汽车转弯时产生咔嗒声。

E.3.1

17. 选项 A 错误。预紧力不足的弹簧将使防滑差速器容易滑动。

选项 B 错误。预紧力不足的弹簧将使侧齿轮上的预紧力不正确，并使其容易滑动。

选项 C 错误。如果在防滑差速器中使用错误的添加剂，则摩擦盘可能会容易滑动。

选项 D 正确。侧向预紧力不正确会导致噪声，但不会影响防滑操作。

F.8

18. 选项 A 正确。可以使用前桥壳体下的垫片来校正前 U 形万向节工作角度。

选项 B 错误。通过安装较短的传动轴，无法校正前 U 形万向节工作角度。

选项 C 错误。可以更改前 U 形万向节工作角度。

选项 D 错误。前 U 形万向节工作角度不能通过安装 4in（101.6mm）车身举升机来确定。

A.1

19. 选项 A 错误。如果离合器接合并且发动机空转，则导向轴承和变速器输入轴一起旋转。

选项 B 错误。如果离合器踏板分离，则离合器接合，因此导向轴承和输入轴一起旋转。

选项 C 正确。如果离合器分离，则变速器输入轴和导向轴承以不同的速度旋转。一段时间后，输入轴会与分离后的离合器完全停止旋转，这将导致有缺陷的导向轴承产生更大的噪声。

选项 D 错误。离合器踏板分离，则离合器接合，因此导向轴承和输入轴一起旋转。

20. 选项 A 正确。只有技师 A 是正确的。大多数具有内部换档机构的变速器没有调节器。

选项 B 错误。虽然大多数具有内部换档机构的变速器没有换档调节器，但是对于所有变速器并不都是这样。

B.2

选项 C 错误。只有技师 A 是正确的。

选项 D 错误。技师 A 是正确的。

21. 选项 A 正确。只有技师 A 是正确的。通常使用英制扭力扳手来确定所需的扭矩（预紧力），使用垫片调整预紧力。

选项 B 错误。半轴齿轮不需要任何类型的紧固件紧固。正在测量差速器轴承预紧力。

C.15

选项 C 错误。只有技师 A 是正确的。

选项 D 错误。技师 A 是正确的。

22. 选项 A 错误。油嘴 / 配件应朝向传动轴。如果远离传动轴安装，则可能油嘴 / 配件无法使用。

选项 B 正确。无论更换前后万向节，油嘴 / 配件应朝向传动轴。

D.2

选项 C 错误。无论更换前后万向节，油嘴 / 配件应朝向传动轴。

选项 D 错误。无论更换前后万向节，油嘴 / 配件应朝向传动轴。

23. 选项 A 错误。技师 B 也是正确的。

选项 B 错误。技师 A 也是正确的。

选项 C 正确。两名技师都是正确的。百分表的测杆位于车轴法兰盘上的车轮螺柱外侧。慢慢旋转车轴，并记下百分表的数值，即车轴法兰盘跳动量。小于 0.005in（0.1mm）的跳动是可以接受的。

E.4.3

选项 D 错误。两名技师都是正确的。

24. 选项 A 正确。只有技师 A 是正确的。在每个车轮上使用不同尺寸的轮胎将导致所有三个差速器不断工作，这可能导致差速器过早损坏。

选项 B 错误。没有特殊的添加剂能够降低使用不同尺寸的轮胎造成的危害。

F.12

选项 C 错误。只有技师 A 是正确的。

选项 D 错误。技师 A 是正确的。

25. 选项 A 错误。技师 B 也是正确的。

选项 B 错误。技师 A 也是正确的。

选项 C 正确。两名技师都是正确的。如果飞轮表面凹凸不平，则与离合器从动盘接触不完全，可能造成颤动。离合器从动盘上的油会使其

A.1

在某些地方比其他地方更好地接合，造成颤抖。

选项 D 错误。两名技师都是正确的。

B.1

26. 选项 A 错误。破碎的同步器套筒将阻止齿轮啮合。

选项 B 错误。如果换档传动装置调节失效，则变速器可能无法进入一档。

选项 C 错误。如果换档拨叉坏了，那么齿轮就不会啮合。

选项 D 正确。齿轮断齿会产生噪声，但传动装置仍然会进行换档操作。

选项 D 错误。技师 A 是正确的。

C.5

27. 选项 A 错误。在拆卸驱动桥之前应始终检查输入轴轴向间隙。

选项 B 正确。只有技师 B 是正确的。拆卸前应在驱动桥上进行两项检查，分别是检查输入轴轴向间隙和转动输入轴检查转向力。

选项 C 错误。只有技师 B 是正确的。

答案 D 错误。技师 B 是正确的。

D.5

28. 选项 A 错误。不用数显卡尺测量传动轴的跳动，应使用百分表。

选项 B 错误。在测量传动轴跳动时，应在传动轴的中心和距离每个端部约 3in（76.2mm）处测量。

选项 C 错误。技师都不正确。

选贤 D 正确。技师都不正确。当测量传动轴的跳动时，应使用百分表测量中心和距离两端部约 3in（76.2mm）的位置。

E.1.5

29. 选项 A 错误。0.043in（1.09mm）垫片太厚。

选项 B 错误。0.042in（1.07mm）垫片太厚。

选项 C 正确。应从 0.100in 减去表盘上的读数，以获得适当的主动锥齿轮深度垫片厚度。因此，标称垫片厚度为 0.043in，并从该数值中减去主动锥齿轮标记 -4。

选项 D 错误。0.041in（1.04mm）垫片太厚。

F.3

30. 选项 A 错误。前驱动轴必须与变速器壳体断开连接才能拆下外壳。

选项 B 错误。后驱动轴必须与变速器壳体断开连接才能拆下外壳。

选项 C 正确。大多数变速器壳体可以在不拆除车辆变速器的情况下拆除。

选项 D 错误。换档传动机构必须与变速器壳体断开连接。

A.4

31. 选项 A 正确。只有技师 A 是正确的。恒定运行的分离轴承常与液压离合器一起使用。

选项 B 错误。分离轴承向压盘移动以使离合器分离。

选项 C 错误。只有技师 A 是正确的。

选项 D 错误。技师 A 是正确的。

B.9

32. 选项 A 错误。锁环是同步器组件的一部分，作用是锁定换档，直到速度齿轮和同步器轮毂的速度同步时才能换档，它不会在三档行驶时产生噪声。

选项 B 正确。只有技师 B 是正确的。如果锁环磨损低于允许的限额，则无法匹配速度齿轮和同步器轮毂的速度，导致换档困难。

选项 C 错误。只有技师 B 是正确的。

选项 D 错误。技师 B 是正确的。

33. 选项 A 错误。技师 B 也是正确的。

选项 B 错误。技师 A 也是正确的。

选项 C 正确。两名技师都是正确的。许多驱动桥上使用 RTV 来密封 C.3

配合表面。 RTV 在室温下固化。也可以使用厌氧密封剂。厌氧密封剂在没有空气的情况下可以密封。一些驱动桥仍然使用纸垫。密封的方式主要取决于制造商。

选项 D 错误。两名技师都是正确的。

34. 选项 A 错误。使用千分尺来测量部件的厚度。

选项 B 错误。塞尺用于测量两个部件之间的间隙。

选项 C 正确。百分表用于测量组件的跳动和轴向间隙以及两个齿轮之 E.2.3

间的间隙。

选项 D 错误。扭力扳手用于扭紧紧固件并测量轴承上的预紧力。

35. 选项 A 错误。技师 B 也是正确的。

选项 B 错误。技师 A 也是正确的。

选项 C 正确。两名技师都是正确的。乳白色液体是水与油混合的状 F.10

态。四轮驱动汽车行驶在高水位路段时可能会导致这种情况，但是如果排气口损坏或软管破裂或有裂缝，则情况会加剧。

选项 D 错误。两名技师都是正确的。

36. 选项 A 错误。用内部绑定的方式安装变速器是不可行的。安装前需要找到该问题。

选项 B 错误。当安装变速器时，应将变速器推到距壳体 1in（25.4mm） B.4

范围内。使用螺栓来固定变速器可能会导致变速器或壳体损坏或扭曲。

选项 C 错误。技师都不正确。

选项 D 正确。技师都不正确。重装变速器时，应确保变速器在安装前能够自由旋转。在安装过程中，请勿使用固定螺栓将变速器放置到位。

37. 选项 A 错误。一些变速驱动桥使用拉索操作的换档传动机构。

选项 B 错误。驱动桥上的换档传动机构拉索通常比在后轮驱动变速器

上的更长，因为变速驱动桥更远离变速机构。 C.2

选项 C 错误。一些变速驱动桥使用杆式操纵的换档传动机构。

选项 D 正确。不是所有的变速驱动桥都有可调节的换档传动机构。

38. 选项 A 错误。重新使用拆下的主动锥齿轮轴垫片是不可行的。只能使用一次，如果取下，则丢弃。

选项 B 错误。应使用垫片调整主动锥齿轮深度，而不是通过将主动锥 E.1.4

齿轮螺母拧回。

选项 C 错误。技师都不正确。

选项 D 正确。技师都不正确。当设置深度时，应使用新的可压缩垫片，但只有在设置正确的主动锥齿轮深度之后才可以使用垫片。

F.6

39. 选项 A 错误。技师 B 也是正确的。

选项 B 错误。技师 A 也是正确的。

选项 C 正确。两名技师都是正确的。低油位是变速器中某处液体泄漏的迹象。它可能是密封件、垫圈或甚至排气口。给变速器注入变速器油液时，应特别注意不要过度注入。油液液位过高将会使其过度暴露在空气中，导致传热不畅，造成油液过热。

选项 D 错误。两名技师都是正确的。

F.11

40. 选项 A 错误。驱动换档传动机构的换档电动机安置在变速器内部。

选项 B 正确。只有技师 B 是正确的。换档开关电路开路，将不会给变速器电动机供电或发出信号，这样电控单元无法转换成 4WD。

选项 C 错误。只有技师 B 是正确的。

选项 D 错误。技师 B 是正确的。

模拟考试 6——标准答案

1. D
2. D
3. C
4. B
5. D
6. C
7. A
8. C
9. C
10. C
11. C
12. B
13. B
14. C
15. A
16. C
17. B
18. B
19. A
20. A
21. A
22. A
23. B
24. C
25. A
26. C
27. A
28. B
29. A
30. C
31. C
32. A
33. C
34. D
35. C
36. C
37. C
38. C
39. A
40. A

模拟考试 6——答案解释

1. 选项 A 错误。离合器从动盘中的减振弹簧可减少离合器颤动。 A.1
   选项 B 错误。泄漏的后部主密封件可能会使发动机油污染离合器从动盘，从而产生颤动。
   选项 C 错误。泄漏的输入轴密封件将会使变速器油污染离合器从动盘，造成颤动。
   选项 D 正确。过大的输入轴轴向间隙会导致噪声或换档问题。
2. 选项 A 错误。磨损的车速里程表主动齿轮不会导致衬套磨损不均匀。 B.1.3
   选项 B 错误。主轴轴向间隙通常不会引起衬套磨损。
   选项 C 错误。堵塞的变速器排气口将导致变速器油过热和溢流。
   选项 D 正确。不均匀的配合表面将导致不均匀的衬套磨损。
3. 选项 A 错误。技师 B 也是正确的。 C.2
   选项 B 错误。技师 A 也是正确的。
   选项 C 正确。两名技师都是正确的。未经正确调整的换档传动机构可能会导致变速器在负载下跳档的问题，因为没有足够的行程来使齿轮完全啮合。破损或松动的发动机支架也会导致变速驱动桥跳出档位。
   选项 D 错误。两名技师都是正确的。
4. 选项 A 错误。车辆应置于空档位置，以便在检查跳动期间可以使传动轴旋转。 D.5
   选项 B 正确。不使用千分尺测量传动轴的平行度，使用百分表进行跳动检查。
   选项 C 错误。传动轴的中心和距离两端 3in（76.2mm）的位置是需要测量跳动量的位置。
   选项 D 错误。用千斤顶抬起汽车以使得传动轴旋转。如果举升机可用，则可以使用举升机执行此操作。
5. 选项 A 错误。轴承保持环应紧固。 E.4.1
   选项 B 错误。油封挡圈压在密封圈的表面。如果磨损，那么油可以通过密封件泄漏。
   选项 C 错误。半浮动轴上的磨损轴承可能会使过大的载荷加在轴封上，导致其泄漏。
   选项 D 正确。扭曲的轴承保持架不会导致泄漏，轴承保持架在拆卸时可能变形。
6. 选项 A 错误。变速器油位低不会使变速器不能换档，但没有油液最终会导致噪声产生和不能换档。 F.2
   选项 B 错误。万向节锁止会造成振动，但不会使变速器不能换档。
   选项 C 正确。如果换档传动机构不能调整，则会阻止变速器进入四轮驱动。
   选项 D 错误。手动换档变速器不具有电子换档电动机。

A.6

7. 选项 A 正确。只有技师 A 是正确的。当离合器几乎完全分离时，发动机和变速器被断开，允许导向轴承旋转。变速器输入轴将静止。在离合器几乎完全分离之前，导向轴承不会产生噪声。

选项 B 错误。一旦分离轴承与压盘接触，磨损的分离轴承就会产生噪声。

选项 C 错误。只有技师 A 是正确的。

选项 D 错误。技师 A 是正确的。

B.7

8. 选项 A 错误。如果导向轴承损坏，则当离合器完全分离时，会产生更大的噪声。

选项 B 错误。如果输入轴导向轴承接触面损坏，则在离合器接合时会使噪声更大。

选项 C 正确。输入轴在踩下离合器踏板时不转动，当随离合器接合时才转动。

选项 D 错误。主轴轴承故障会产生噪声，无论离合器的接合状态如何。

C.18 & 19

9. 选项 A 错误。技师 B 也是正确的。

选项 B 错误。技师 A 也是正确的。

选项 C 正确。两名技师都是正确的。受限或堵塞的油路会使轴承缺乏润滑油，造成轴承过热，最终导致故障。如果在驱动桥中使用不正确的润滑剂，则润滑剂将不会按照设计流过系统，系统就不会正常工作。

选项 D 错误。两名技师都是正确的。

D.1

10. 选项 A 错误。技师 B 也是正确的。

选项 B 错误。技师 A 也是正确的。

选项 C 正确。两名技师都是正确的。一个损坏的外等速万向节很可能会在汽车转弯时产生噪声，而内等速万向节在汽车直线加速行驶时通常会产生噪声。

选项 D 错误。两名技师都是正确的。

E.1.1

11. 选项 A 错误。技师 B 也是正确的。

选项 B 错误。技师 A 也是正确的。

选项 C 正确。两名技师都是正确的。差速器过量填充油液将会堵塞轴封，造成泄漏。轴封的设计无法承受大量的油。如果轴承磨损太多，则会使车轴对密封件施加过大的压力，导致由于密封件磨损引起的密封件泄漏。

选项 D 错误。两名技师都是正确的。

F.2

12. 选项 A 错误。调整换档传动机构时，变速器应置于空档位置。

选项 B 正确。只有技师 B 是正确的。调整手动变速器连杆时，将变速杆置于空档中，松开调节器，然后使用指定尺寸的销钉或钻头将变速器连杆保持原位，再拧紧调整器。

选项 C 错误。只有技师 B 是正确的。

选项 D 错误。技师 B 是正确的。

13. 选项 A 错误。曲轴轴向间隙对飞轮跳动有很大的影响。

A.9

选项 B 正确。齿圈磨损不会影响跳动读数，但会导致起动机接合问题。

选项 C 错误。如果飞轮拧紧力矩不正确，则飞轮跳动将受到影响。

选项 D 错误。检查飞轮跳动时，百分表测杆位置对于准确读数至关重要。

14. 选项 A 错误。技师 B 也是正确的。

B.3

选项 B 错误。技师 A 也是正确的。

选项 C 正确。两名技师都是正确的。无论使用软木垫圈还是橡胶垫圈，这两种类型都可以单独使用，无须添加额外的密封剂。在安装垫圈时，有时一些技师会使用密封剂帮助将垫圈固定到位。

答案 D 不正确。两名技师都是正确的。

15. 选项 A 正确。油中的金色物质通常是由于黄铜锁环造成的。

C.1

选项 B 错误。变速齿轮由钢制成，不会产生金色物质。

选项 C 错误。倒档中间齿轮由钢制成，不会产生金色物质。

选项 D 错误。中间轴由钢制成，不会产生金色物质。

16. 选项 A 错误。技师 B 也是正确的。

D.4

选项 B 错误。技师 A 也是正确的。

选项 C 正确。两名技师都是正确的。使用闪光式平衡器和两个螺旋式软管夹可以平衡传动轴。频闪灯用于识别传动轴上的标识点，然后将螺旋式软管夹安装在与标识点相对的位置。

选项 D 错误。两名技师都是正确的。

17. 选项 A 错误。同步器用于变速器 / 变速驱动桥。

E.3.2

选项 B 正确。如果防滑离合器从动盘损坏，那么油液中会明显含有纸状摩擦物质。

选项 C 错误。损坏的车轴密封件将导致泄漏，并可能在油液中显示出橡胶的迹象。

选项 D 错误。损坏的主动锥齿轮密封将导致泄漏，并可能在油液中显示出橡胶的迹象。

18. 选项 A 错误。可能不需要更换整个车轴。

F.8

选项 B 正确。CV 万向节和轴套应该被更换。

选项 C 错误。安装防护罩不是正确的修复过程。

选项 D 错误。必须安装新的轴套。

19. 选项 A 正确。只有技师 A 是正确的。当离合器从动盘磨损时，踏板自由行程将减小。在尝试调整离合器之前，应始终检查离合器踏板自由行程。

A.2

选项 B 错误。离合器一旦打滑，通常会损坏离合器片。调整离合器可能无法解决问题，通常需要更换离合器片，但在确定故障的根本原因之前不需要。

选项 C 错误。只有技师 A 是正确的。

选项 D 错误。技师 A 是正确的。

B.12

20. 选项 A 正确。不同长度的螺栓不用于调整轴向间隙，但是，拆卸变速器时应注意螺栓的长度和位置。

选项 B 错误。许多变速器都使用止推垫圈来调节轴向间隙。可以购买不同厚度的止推垫圈进行轴向间隙校正。

选项 C 错误。止推垫片可与止推垫圈配合使用，以调整轴向间隙。

选项 D 错误。一些变速器使用不同厚度的选择性卡环来调整轴向间隙。

C.2

21. 选项 A 正确。在 20 世纪 60 和 70 年代，转向柱变速杆是常见的，但在目前的生产车辆没有找到。

选项 B 错误。换档连杆可以进行拉索操作。

选项 C 错误。由于变速驱动桥 / 变速器的位置，变速驱动桥换档连杆上的拉索比用于后轮驱动变速器的拉索长得多。

选项 D 错误。一些变速驱动桥使用外部连接，而另一些则使用内部连接。

D.3

22. 选项 A 正确。中心支撑轴承通常是密封的，不能像万向节一样润滑。在安装时，应沿着中心支撑轴承的边缘涂满防水润滑脂，以防止污染物进入。

选项 B 错误。中心支撑轴承通常不具有润滑脂配件。

选项 C 错误。中心支撑轴承在磨损时可更换。

选项 D 错误。中心支撑轴承用于具有较长轴距的车辆，以防止扭转振动，但所有后轮驱动车辆并不使用中心支撑轴承。

E.1.7

23. 答案 A 错误。没有测量从动锥齿轮径向跳动，百分表指针必须位于从动锥齿轮的背面以测量跳动。

答案 B 正确。从动锥齿轮齿隙是从其中一个齿的后部测量出来的。

答案 C 错误。图中未测量轴承预紧力。

答案 D 错误。未测量主动锥齿轮齿隙。

F.7

24. 选项 A 错误。技师 B 也是正确的。

选项 B 错误。技师 A 也是正确的。

选项 C 正确。两名技师都是正确的。安装新的万向节后，万向节应该润滑直到润滑脂从所有四个轴承盖上溢出。这确保所有滚针轴承都完全润滑。安装万向节时，通常将润滑脂朝向传动轴喷射。

选项 D 错误。两名技师都是正确的。

A.10

25. 选项 A 正确。只有技师 A 是正确的。变速器支架下垂将导致万向节工作角度发生变化，可能会导致振动。

选项 B 错误。由于传动轴转速总是随着不正确的 U 形万向节角度而变化，传动轴的振动将不会保持恒定的速度。

选项 C 错误。只有技师 A 是正确的。

选项 D 错误。技师 A 是正确的。

26. 选项 A 错误。第一档位于变速器的后部，远离输入轴。

选项 B 错误。第二档是离变速器后部第二近的档位。

选项 C 正确。第四档最接近输入轴。

选项 D 错误。倒档位于变速器后部。

B.1

27. 选项 A 正确。只有技师 A 是正确的。损坏的换档拔叉通常不会产生噪声。

选项 B 错误。如果倒档齿轮齿损坏，则会有噪声。

选项 C 错误。只有技师 A 是正确的。

选项 D 错误。技师 A 是正确的。

C.9

28. 选项 A 错误。拆除和清洁等速万向节用以更换轴套和润滑脂。

选项 B 正确。更换等速万向节时，最不可能检查车轮轴承。

选项 C 错误。当等速万向节从半轴上拆除后，应检查其结构。

选项 D 错误。当拆除车轴时，应检查车轴密封件。如果它们有任何损伤，那么应该被更换。

D.2

29. 选项 A 正确。更换主减速器齿轮时，不会更换差速齿轮。

选项 B 错误。任何时候拆下主动锥齿轮后，都应更换主动锥齿轮密封。

选项 C 错误。当拆下主动锥齿轮时，应使用新的可压缩垫片。

选项 D 错误。任何时候拆下车轴，都应更换车轴密封。

E.1.4

30. 选项 A 错误。技师 B 也是正确的。

选项 B 错误。技师 A 也是正确的。

选项 C 正确。两名技师都是正确的。许多四轮驱动车辆在前轴上使用 U 形万向节。当汽车急转弯时，由于 U 形万向节角度受限制，会导致转向盘有起跳感。等速万向节可以急速转动 40°，而不会发生 U 形万向节引起的起跳感。

答案 D 不正确。两名技师都是正确的。

F.7

31. 选项 A 错误。技师 B 也是正确的。

选项 B 错误。技师 A 也是正确的。

选项 C 正确。两名技师都是正确的。不正确的调整可能不会使离合器分离，导致齿轮磨削。不正确的调整可能不会让离合器完全接合。

选项 D 错误。两名技师都是正确的。

A.2

32. 选项 A 正确。只有技师 A 是正确的。干燥或粘连的换档连杆会导致换档困难。

选项 B 错误。压盘太紧不会引起换档困难。

选项 C 错误。只有技师 A 是正确的。

选项 D 错误。技师 A 是正确的。

B.1

C.13

33. 选项 A 错误。技师 B 也是正确的。

选项 B 错误。技师 A 也是正确的。

选项 C 正确。两名技师都是正确的。半轴齿轮只有在车辆转弯时旋转。半轴齿轮使用垫片以设置正确的间隙，检查磨损的最佳方法是测量间隙。

选项 D 错误。两名技师都是正确的。

E.1.6

34. 选项 A 错误。从动锥齿轮应朝向主动锥齿轮移动。

选项 B 错误。主动锥齿轮应该远离从动锥齿轮。

选项 C 错误。技师都不正确。

选项 D 正确。技师都不正确。当轮齿接触痕迹在齿根较高处或齿尖较低处时，从动锥齿轮必须移动。如果轮齿接触痕迹在齿顶或根部的高或低处，则主动锥齿轮则必须移动。

F.10

35. 选项 A 错误。技师 B 也是正确的。

选项 B 错误。技师 A 也是正确的。

选项 C 正确。两名技师都是正确的。乳白色液体是水与油混合的状态。四轮驱动汽车行驶在高水位路段时可能会导致这种情况。但是如果排气口损坏或软管破裂或有裂缝，则情况会加剧。

选项 D 错误。两名技师都是正确的。

B.1

36. 选项 A 错误。技师 B 也是正确的。

选项 B 错误。技师 A 也是正确的。

选项 C 正确。两名技师都是正确的。输入轴轴承会在所有档位中产生噪声，因为第四档传动是直接驱动。除了直接驱动（第四档）外，中间轴轴承不良会在其他档位产生噪声。

选项 D 错误。两名技师都是正确的。

C.10

37. 选项 A 错误。技师 B 也是正确的。

选项 B 错误。技师 A 也是正确的。

选项 C 是正确的。密封泄漏可能由于密封不良，拨叉表面损坏或排气口堵塞都会造成过大的压力。

选项 D 错误。两名技师都是正确的。

E.2.3

38. 选项 A 错误。技师 B 也是正确的。

选项 B 错误。技师 A 也是正确的。

选项 C 正确。一些轴通过大的“C”形夹固定在侧齿轮的适当位置，其他轴通过凸缘和螺栓固定在后板上。

选项 D 错误。两名技师都是正确的。

F.8

39. 选项 A 正确。不平衡的传动轴会导致振动随着车速增加而增加。

选项 B 错误。不平衡的传动轴导致的振动不会随着车速的增加而减小。

选项 C 错误。技师 B 不正确

选项 D 错误。技师 A 是正确的。

40. 选项 A 正确。四个轮胎不匹配会导致中心差速器由于持续运行而失效。

F.12

选项 B 错误。使用较小但尺寸相同的四个轮胎不会使中心差速器工作过度。

选项 C 错误。技师 B 不正确

选项 D 错误。技师 A 是正确的。